ヒマラヤ大聖者が伝える

心と心をつなぐ言葉

ヨグマタ
相川圭子

毎日新聞出版

はじめに

コロナ禍の規制が緩和され、人々がふたたび行き来し、にぎわっています。さらに今の経済の落ち込みと、長引く戦争に新たなる戦争と、全てが変化の中にあり、生きることのさまざまな不安があります。

顔や名前がわからないこともあるＳＮＳの発達などで情報が錯綜し、大幅に生活や、人間関係のあり方も変わり、悩む人も多くなったようです。

こうした変化の時代こそ、永遠不滅の真理を悟るヒマラヤ秘教の教えに即した「生きる知恵」をとの要請もあり、ヒマラヤの愛を盛り込み、対人関係についてフォーカスした本を書くことにしました。

人間関係を良好にするには、全て学びと受け取ることが大切です。人それぞれ意見が違いますから、意見の違いの衝突にいちいち目くじらを立てるのではなく、相手の立場を理解していきます。

そのためには大きな愛からの視点が必要です。

誰もが育った環境や、個人の質の違いがあり、自分の価値観で物事を見て判断します。そのことを理解して、相手に対応する思いやりと客観性が必要です。

私自身七人きょうだいの末っ子で、兄姉との関わりのなかで、人間関係を自然に学びました。父親を早くに亡くしましたが、きょうだいもみんな明るく元気に、好きな才能を伸ばしていたように見えました。

私は多くの方から、人間関係のトラブルの対処の仕方がわからない、という悩みを聞きます。特に今は、モラハラ、セクハラ、パワハラといった、いろいろなかたちの人間関係の衝突があります。

この本ではヒマラヤ秘教の考え方に基づくものと同時に、私の経験からお伝えできるお話もまじえてみました。

私は20代のころから総合ヨガを指導し癒やしました。インド中のヨガの団体を訪れ学びました。私を頼って訪れる人のあらゆる問題を解決してあげたい、幸せになってもらいたいと願いました。

さらにそのための勉強の必要を感じ、アメリカにも行き、心理学をはじめとしてさまざまな心身のヒーリングを学びました。しかし最先端の学問をさんざん勉強しても、知識と技のみで治したとしても、何かが不足していると感じていました。

後にヒマラヤ聖者に出会い、苦行をして究極のサマディ成就で涅槃に入って究極の悟りを得て、全てが解明されたのです。

心と体と魂のこと、源のことと、全てがわかり、さらに私は人々を変容させ進化させ、癒やす力も得たのです。人々を真に救うことができるようになったのです。

この本を読み進むうちに、あなたが深く深淵な知恵に出会い、日常生活の指針を得て、生まれてきた意味を知り、人生の可能性が広がっていくことを願っています。

目次

はじめに …………002

第1章 なぜ人と人は出会うのか

「宇宙的愛」の視点から見た、「人間関係」のあり方とは？ …………012
「愛」ってなんですか？
「愛すること」とは、どういうことですか？ …………016
どうしてもなじめない相手がいます。
これはもう、「生理的に無理」というものでしょうか？
あきらめたほうがいいのでしょうか？ …………022

人と出会っても、傷つけられてばかり。
この世界に生まれてきてしまった意味を見つけられません。……028
正しい道を生きることは、
修行僧のように浮世離れした生活を送るというものですか？……034
ヒマラヤ聖者の教えと他の宗教は、
生き方という点においてどこが違うのですか？……040
周りからどう見られているかすごく気になって
本当に言いたいことややりたいことを出せません。……046
つい他人と自分を比較して
「私なんか」と思ってしまい自分に自信が持てません。……052
真理の追求は、実社会で生きていくことと
両立できることなんでしょうか。
日々の生活に追われ、そんな心の余裕を持てません。……058
「正しさ」とはなんですか。
正直者がバカを見るこの世に「正しさ」などあるのでしょうか。……064
生活の中で「今」へ意識を向けるコツがあれば、教えてください。……070

第2章　人との関係を良いものにする生き方

魂の向上にとって、他人との関係とは？ ………… 078
他人の成長を願う無償の愛は
生きていく上でどうして必要なのでしょうか。 ………… 082
リモートワークや、ネット上でのつながり。
真意が伝わりにくい言葉でのコミュニケーションに、疲れました……。 ………… 088
本当は実力のない人間だとバレてしまうことが怖くて、
見栄ばかり張ってしまいます。 ………… 094
誰かを好きになることは、執着のもとになって、
真理を追究する妨げになりますか。 ………… 100
真理へと至る真摯な生き方をしたいですが
実は私には、以前から好きな人がいるのです……。 ………… 106
他人に恨まれるくらいなら怒られたほうがましだと思って
低姿勢で過ごしていますが、そんな自分も本当は嫌なんです。 ………… 112

自分より成功している人など
「隣の芝」が青く見えて心が穏やかになれません。……120
見た目も頭も悪く、人と関わるのも苦手。
こんな私を他の人が受け入れてくれると思えません。……126
SNSなどで人とつながっていたり
周りがものであふれていないと不安になってしまいます。……132
「自分を変える」努力が続く自信がありません。
目に見える変化があればいいのですが……。……138
良いカルマを積むために、
心からの行いではないけれど「良いこと」をするのは、
真理に近づく道でしょうか。それとも偽善でしょうか。……144
景気は悪く、生きることで精一杯。
こんな社会では、他人を許す心の余裕なんか持てません。……150

第3章　人を愛することは、自分を愛すること

他人との関係は、魂からの愛で調和する　……158
職場にいる仕事のできない人にイライラしてしまい、つい強い言葉をぶつけてしまいます。……162
部下を指導するのが下手だと言われます。しっかり指導しているつもりなのですが、なぜ気持ちが通じないのでしょうか。……168
口下手でうまく自己主張できず、あとから「ああ言えばよかった」と後悔してばかりです。……174
上司にパワハラされています。どうしたらこの理不尽な仕打ちをやめさせることができるでしょうか。……180
家庭のある人を好きになってしまいました。この思いは純粋なつもりですが、やはり許されないことでしょうか。……186
意地悪な先輩に優しく接しようと頑張っていますが、本当は怖いし利用されるのではという不安もあります。……192

仕事や子育てなどで忙しく、瞑想など魂磨きをするための時間を取ることができません。……198
反抗期であつかいにくくなった我が子との関わり方に悩んでいます。……204
苦手な人に歩み寄るその第一歩が、どうしても踏み出せません。……210
「嫌われたくない」という心配や「他人に好かれる人になりたい」という思いが常にあります。……216
悟りを求めることは、いわゆる「心の持ちよう」や「心理テクニック」とどう違うのでしょうか。……222
正しい道を歩む人は仕事上の成功や経済的な豊かさを求めてはいけないのでしょうか。……228
おわりに……235

ブックデザイン　轡田昭彦＋坪井朋子

第1章

なぜ人と人は出会うのか

「宇宙的愛」の視点から見た、「人間関係」のあり方とは？

宇宙はその時々で調和しています。安定しています。そして常にバランスをとるために変化し、生き続けていきます。

それは神の意志（自然の法則）で、成長するために、そのようにできているのです。深いところに神の愛が働いているのです。

人間が日々、神の意志に従い神の愛を感じて生きているかというと、必ずしもそうではありません。人は常に生きるために必要なもの、心身の欲望を満足させるものを探しています。自分を満足させ、守るために生きています。

心の奥底、潜在意識には、過去の記憶が刻まれています。その印象で、今出会っている事柄や人に対して、好きや嫌いという感情が生まれます。人間関係にもそうした心が働きます。苦手に感じたり、大丈夫だと感じたりするのです。常に過去の価値観が今の判断に作用しているのです。

一度人間関係で傷つくと、ほかの関係であっても似た恐れを感じた時に、嫌いという反応をしてしまいます。それでバランスをとって、自然に苦しみを緩和させようと防衛するのです。

外からの情報を感覚器官のアンテナで受け取ります。それは心に伝えられ、そこにある記憶でそれが何であるかを判断して、良いか悪いかの反応をするのです。常に感覚と心の働きに翻弄されているということです。こうした心に振り回される生き方ではなく、もっと深いところの愛を目覚めさせる生き方があります。宇宙的愛からの人間関係は苦しみがないのです。心が静かな時に、宇宙的愛にコンタクトできます。

人が生きる目的は、とても大きな愛、自分の奥深く、心のさらに奥にある源からの愛、宇宙の愛を目覚めさせ真の成長をしていくことです。競争心と欲望の心に翻弄されてお互いに摩擦を起こす関係から、調和して助け合う人間関係に進化することを学ぶのです。

人は真の成長をするために、この世界に送られてきました。ただ食べるために生きるのではなく、愛を目覚めさせ、神の願いを生きるために生まれてきたのです。

大いなる愛に目覚め、それを増大させ、人間関係を調和させ、安らぎを作るのです。そのためには源の愛、宇宙的愛を目覚めさせ、愛を捧げることに心身を使い、潜在意識の記憶を昇華していくのです。

宇宙の根源に、宇宙的な愛があります。その愛から、人間のこの体が作られたのです。根源には神があり、そこに愛があります。神の愛によって全てが与えられています。神の意思に従うと、人間関係もより良いものになります。人はそのことを知らないで、常に心に従い、その欲望と価値観に翻弄されて生きています。そこに神の愛がないのです。

神の愛が、人間関係に調和をもたらすのです。心のエゴのバランスのとり方ではなく、神の愛のバランスのとり方です。エゴはセルフィッシュで、自己防衛をしてバランスをとります。他を攻撃し、排除します。勝ち負けで生きています。そこに憎しみが生まれます。依存が生まれます。不自由が生まれるのです。心は区別、好き嫌いで判断します。宇宙的愛は好き嫌いがありません。相手や事象を価値観のフィルターを通して見ないのです。神の愛につながることで心身を正しく使うことができます。これが私が提唱する新しい生き方です。

人は、成長するために生きています。人はどこから生まれてきたのか、また自己の本来の姿を知りません。自分の心が欲しいものを集め、それに依存してバランスをとっています。心と体を守り願いをかなえるために頑張り、老化や病を生み出し生きています。そして人間関係は常に争いや憎しみを生み出していきます。

宇宙的愛を目覚めさせましょう。それには、心配事の絶えない不幸な関係に調和をもたらし、それを超えていく、進化の力があるのです。

周りに感謝すること。愛すること。一人一人がみんな、一生懸命生きています。「いつもありがとうございます。全てが平和でありますように」というあなたの祈りが通じることで、あなたを取り巻く環境は、変わり始めていくでしょう。

「愛」ってなんですか？

「愛すること」とは、

どういうことですか？

愛には、いろいろなかたちがあり、いろいろな愛の段階があります。
一般に知られている愛は関係性の愛です。
お互いに引きつけ合い、好きという感情が起こります。
一緒にいたいという感情が沸き上がります。
これは体の愛、心の愛、感情の愛です。カルマという行為の記憶の愛です。

子供への愛は自然です。
愛する対象はさまざまです。年下の者への愛、友達への愛、家族愛、
男女の愛、物への愛、自然への愛、マスターへの愛、神への愛などです。

人が生きる中で自然に愛の形態を体験して人間性を高め、
成長するのが理想です。
しかし今の物質の豊かな忙しい競争社会において、
自然な素朴な愛は失われています。

寂しさや不安を埋めるための、
自分の心身の欲を満たす欲しがる愛になります。
何かに依存し、要求する、肉体の欲望の愛や心や感情の独占的な
思いやりのない愛です。それは単なる快楽への執着かもしれません。
またギブアンドテイクの見返りを伴ったエゴからの愛が多いのです。
本当の純粋な愛ではなく、セルフィッシュな愛になるのです。
普通にはそうしたいろいろな愛があり、それらも含めて愛と呼んでいます。
恋愛などもそうです。強く求める「好き」という感情です。
時に恐れからお互いを縛りあっています。お互いにエネルギーを奪い合う、
消耗する関係です。恋愛の愛は長く続かず飽きる儚い愛になっていきます。
親子の間の強い愛情が、一歩間違えて虐待となります。
子供を自分の一部と考えていて傷つけるのでしょうか。

また愛情の深い親が干渉しすぎる愛もあります。
この愛は感情や心の執着の愛です。相手をコントロールする愛の関係です。
この人間関係は過度の執着で相手のエネルギーを奪い
消耗していくことになるのです。
しかし多くの人は、自分の行為が心と一体になり、心が見えず、
このことがわからないのです。
そして人を幸せにしているつもりでも、
自分を満たし幸せになることしか考えていないのです。
利己的な好きという感情的な愛、心の愛です。
これが多くの人が、人間関係の中で犯している罪――「奪う愛」になります。
この愛が発生するのは、人の根っこにある寂しいという感情です。
こうした愛で人はいろいろなものに依存してバランスをとっています。
自分一人では寂しく満足できず、愛を求め相手に依存し、安心します。
心は引き寄せる磁石の働きを持っています。

欲望を募らせ「もっともっと」と渇望する利己的な愛です。
お互いに苦しむ愛、依存しあう、奪い合う愛です。
自分勝手な利己的な愛の人になります。
相手を縛ってしまい苦しみが続くのです。
お互いに依存しエネルギーを奪い合い消耗していきます。
こうした執着からのこだわりの愛は苦しみを呼び込みます。

人にはいろいろな愛がありますが、その中に純粋で理想的な愛があります。
母親が子供に与える無償の愛です。誰の中にもそうした無償の愛が
眠っています。慈愛といいます。それは男性の中にも眠っています。
人の心の奥には宇宙的愛があります。
しかし、純粋な愛は心の曇りに覆われています。
曇りはカルマという行為の結果の記憶が心に蓄積したものです。
私が伝えたいのは神聖な愛を目覚めさせることです。

至高なる存在から発生する愛は微細な波動です。
心の奥にあるハートの扉を開いていき目覚めさせます。
ヒマラヤ聖者からの悟りのエネルギーで扉が開かれます。
神聖な愛は、人に安らぎを与える愛、神のような愛です。
人間関係を良くしていきます。
人の生きる目的は、心を浄化して、意識を進化させ、
純粋な愛の人になることです。
そのためにはまず欲しがる愛から与える愛へ、捧げる愛行をしていきます。
無償の愛、真の愛です。それは悟りに向かう愛です。
真の愛は心の欲望の愛ではなく心を超えたところにある、
無限で純粋な愛です。
そこからの愛で周りの人の幸せを願うのです。それは無執着な愛です。
お互いに与え合う無償の愛によって、さらに多くの人が幸せになるのです。
そして、全てに感謝して生きていきます。

どうしてもなじめない相手がいます。
これはもう、「生理的に無理」と
いうものでしょうか？
あきらめたほうがいいのでしょうか？

相手の情報が感覚と心に伝達されて、
心に記憶された価値観にスイッチが入ります。

すると情報がなんであるかを認識して、それに従った
心理現象、生理現象が現れ、それが相手にも伝わるのです。
顔の表情には、無意識ですが嫌悪が現れ、
体全体から思いが波動となって現れるでしょう。
こうした無意識の自動的なプロセスが行われ、
自己防衛の行為となっていきます。

たとえば蛇が怖いという情報が刷りこまれている人は、
縄を蛇に見間違えて大きな恐怖のリアクションをします。
あなたは蛇を敵に思うのです。
でも本当は蛇が悪いわけではありません。

これからわかるように、あなたが苦手な相手であっても、
相手が悪いわけではありません。
あなたが苦手というリアクションをする反応の原因には、
潜在意識の記憶が設計図としてあるのです。
人は多かれ少なかれ、こうした好き嫌いのジャッジする心を持っています。
そして、ある種の人に対して、生理的に受け付けないほどの
拒否反応を起こしているのでしょう。
あなたの気に入らない何かを相手の人に変えてくれといっても、
本人は自分の心が見えないので、自分が発しているエネルギーや、
自分が人からどう見えるのかはわかりません。

あなたの価値観は、どこで抱え込んだのでしょうか。
恐怖を感じたことがあったかもしれません。

親や学校、読んだ本から、社会からの情報でできた価値観や、過去生からの性格や、あるいは誰かからの受け入れられない体験があったかもしれません。

ヒマラヤ聖者の修行は、内側に刻まれた過去生からの記憶を、自然に浄化して変えたり、高次元のエネルギーで内側を浄め守っていく教えです。

そして、行為を正して心から苦手の縁を浄化していきます。

いまあなたができることは意志の力で行為を変えることです。

ここで言えることは嫌いなことに囚われないように、あなたの成長できる機会ととらえて感謝をしていきます。

自他の魂が喜ぶ好きなことを行うのです。

自分の心と感情の好き嫌いで行動するのではなく、相手は神様が送ってくれた学びの対象として、相手の魂を尊敬します。人はお互いに刺激し、学びになっています。

あなたが「この人、苦手!」と思っていると、以心伝心といわれるように相手にも伝わってしまいます。あなたがそこから逃げても自分の心は変わらないのです。心の中にそれを起こす種がある、設計図があるからです。そしてそこを変えるには、そこにアクセスできるマスターの教えが必要なのです。

行為を変えるのも、苦手な方に感謝することも大変でしょう。「仏様のような憐みの心をもって接していこう」などと思っても、まだ本当に浄まっていなければ、他人を下に見るような、虚勢を張った変な視点になり、演技になってしまうのです。

心は常に比較をしています。
何か地位を得て、自己を守るために誇示して、
パワハラをするかもしれません。
エゴの心が優越感にこだわり、安心を得るのです。
成功したとしても、真に人間性が高まらなければ、
真のリーダーにはなれないのです。
ヒマラヤ聖者は真の愛を育み、
自分で自分をコントロールできる修行法を
あなたに伝授しています。

人と出会っても、傷つけられてばかり。
この世界に生まれてきてしまった
意味を見つけられません。

神様が作ったこの素晴らしい宇宙で、
私たちは一生懸命生きています。
幸せになろうと我先にいろいろなものを獲得する競争社会です。
その中でどうしてもセルフィッシュになり自分を優先して
自己防衛の行動で人をないがしろにしたり、
傷つけたりしてしまうことがあります。

私たちはこの宇宙にいったい何のために生まれてきたのでしょうか。
昔々のインドのリシ（ヒマラヤ聖者）といわれる意識の高い人々は、
この宇宙を創った源の存在である神様はどこにいて、
どうしてこの世界を作ったのか知りたいと考え、
神の存在を信仰し、神と出会いたいと思い
瞑想など修行法を発見して修行をしてきました。
この世の成り立ちを近年の科学者が冒険して調べてきました。

物質がどうなっているのか。顕微鏡が発見され物質を細かく分けて、
その中には何があるのか見ていきました。
そして原子とか原子核とか、最小限の構造に出会い、
「波動」があることを発見しました。
さらにその波動の中には何があるのかというと、
科学的には追い切れない、未知なる偉大な力があるのです。
それは昔の人々が神と名付け、
出会いたいと求め続けたものです。
自分の中に同じく未知なるものがあり、
宇宙も神も、全ての良きものが
あなたの中の奥深くにあると信じることなのです。

そしてヒマラヤの聖者であるリシは
この体と心は神が作ったものでありそれをツールとして

信仰し、深い瞑想に入り、心身を浄化してそれを超えて
究極のサマディを成就して偉大な存在そのものを、
神を体験して真の自分を悟ったのです。
その未知の存在、神が持つ智恵と力を
いただいていくことができるようになったのです。

ですが私たちを含めた宇宙は神様が作ってくれたものなのに、
どうして人は苦しみを感じながら生きるのかと思われるでしょう。
仏陀も、真理に目覚める以前は同じ憂いを抱いていました。
シャカ族の王家に生まれた自分はすごく恵まれているけれど、
お城の外に行くと、老いた人も、病気の人も、死んだ人もいる。
生きるということは、どうしてこんなに苦しいのか。
苦しむために私たちは神様に作られたのか。
そう悩んでいた時、何も持たない一人の人物に出会いました。

それが聖者だったのです。
彼は何も持たないのに、すごくすっきりした顔をして、
幸せそうでした。そこで若き日の仏陀は
「私はこういう生き方をしたい、こういう人になるにはどうしたらいいか」
と考えた結果、王宮での生活を捨てて出家して、修行の道に入ります。
そして真理を求めて、6年間のあいだ苦行をされました。
物質的に満たされていても、家族に愛され人々に尊敬されていても、
この宇宙のことはわからないと、悟りを目指されたわけです。

こうして宇宙の中で生かされている私たちは、
戦争をはじめ身近な人間関係といろいろな争いが絶えないこの世界に、
何のために生まれてきたのでしょうか。
その命題は、個人的な悩みと通じるのです。
怒りとは何か。心とは何か。肉体と心をどのように使えばいいのか。

何も行動せずに、真の学びと理解を得ることはできません。
物質面で豊かさを求め、原子力を発明し、スポーツや娯楽など、人間は発展と幸せのためにいろいろとやってきましたが、真理に届くのではなく、そこには格差が生じたり、公害が発生したりという弊害さえも出てきました。

私たち一人一人の心のありようが、世界の姿さえも変えていきます。
そしてこの本を読んでいるあなたが、その最初の震源地なのです。

正しい道を生きることは、
修行僧のように浮世離れした
生活を送るというものですか？

正しい道を生きるとはどういうことでしょうか。

人には心があります。体があります。
それは命をいただいて生かされています。
そして必要なものを得て、いろいろな学びをして、
成長してきています。
そこに喜びもあり、苦しみもあります。喜怒哀楽があります。
生老病死があり、生きる中でいろいろな事柄がわかってきます。
先達であるヒマラヤ聖者は、人生について深く考え、
また人は何のために生まれてきたのか、
自分はいったい誰であるのかを知りたいと、
修行をしていき究極のサマディを成就して
真理を悟りました。
そして物事の仕組みと宇宙の仕組みと、

神を知っていったのです。
私ヨグマタは人里離れたヒマラヤの秘境で苦行を行い
究極のサマディを成就して悟りを得ました。
そしてその叡智を日本に持ち帰ってきました。

人が悟るにはヒマラヤの奥地で
一人っきりになることは大切ですが、
それとともに真のマスターに出会わなければ不可能です。

今、この社会で出家の修行者のように、この宇宙と対峙して
内側を見つめ究極の真理に出会うことができるのです。
真のマスターとの出会いは、
この世界の中で祝福をいただき、最速で安全に、
多くの人間と接しながら、自分の中に、

一人でいるより多くの気づきを得て、浄化されるメリットがあります。

この世界にとどまって悟りのマスターの祝福があって、
修行することは、最速で学べる道場にいることなのです。

あなたが一人でも大勢の中でも、バランス良く生きるための
「正しい生き方」を伝授しています。

修行僧のように浮世離れした生き方とは、
自己との対峙と思いますが、
ヒマラヤ秘教ではシッダーマスターだけが持つ
内側深くにアクセスする秘法と祝福で、最速で浄めていくことができます。

私は都会の中に静寂になれる道場を作りました。

そこは都会であってもヒマラヤのように集い修行ができます。
社会で人はお互いを映し出す鏡となり、
自分を正しバランスをとり、
積極的に浄化の学びをしていくことができるのです。

もちろん、人里離れた静寂の中で修行ができることも大切です。
そうした修行者や聖者の先達が苦行をして
修行を完成させたからこそ、
困難な悟りの世界が解明されたのです。
しかし、ヒマラヤの聖者をいただき、
その愛のもと、守られ、その知恵をいただいて、
今、最速でこの生活をしながら気づきと浄化をいただいて
静寂をもたらすことができるのです。

自己流の修行をしても、
マスターがいないと迷いの人になります。
今この社会というストレスの多い中で
純粋な無限のパワーを求めることができるのです。
ここにヒマラヤの聖者がいるからです。
あなたは自由自在の人になっていくのです。

ヒマラヤ聖者の教えと
他の宗教は、
生き方という点において
どこが違うのですか?

ヒマラヤ秘教の教えが他の宗教と違うのは、「信じる」ということの意味です。

一般に他の宗教は、ある熱心な信仰を持った人の心の想像でのことや理解からの教えを学び、その教えを信じます。

ヒマラヤ秘教は自分の内側に何があるのか、自らが体験的に科学的に浄めて変容していき、究極にある真なる存在になって悟っていく生き方です。

実際に心身を変容させて最高の人間になっていくのです。

究極の悟りを得るためには、高次元の純粋な存在を信じることが欠かせないのです。

「ヒマラヤ秘教の教えでは、神様は天の上にいるのですか」

と聞かれることもあります。

もちろん、この宇宙を創造した神は天の上におられます。

私たち一人一人の中にも、神はいます。人間は宇宙の源の存在である神の分身であり、そこから生命としてのパワーをいただいています。
宇宙とは、命とはそういう仕組みでできているということを信じて、
心の曇りを取り除いて神と一体になっていきます。
そうした自己発見、自己探求というべき行いを通じて
「自分はいったい何者であるのか」を発見していきます。
その実践方法として、全ての内外を整える正しい道を発見し
浄化と気づきの秘法の数々を作り、またその中心になる瞑想を発見したのが
ヒマラヤ聖者です。心身を浄化して瞑想を起こす秘法を発見したのです。

お稽古事でも勉強でもなんでも、それを早く身につけるには
よく知っている人から習うのが良いのです。
新しいことを始める時、学び習う時には、その先生の技術や知識を
信頼することと思います。真実の生き方でも同じです。

もちろんどんな宗教も、
教義に基づく生き方を学び実践しているでしょう。
私が伝える教えは、マスターの存在が悟りを得た人であり、
マスターからの祝福や秘法が、
実際に修行者の内側を変容させる力を持つのです。
ただ考えを知識として学ぶのではなく、
実践的に自分の魂を磨いていくのです。
万物は五大元素と音と光でなりたっています。
物質でできているものと精神性の違い、
その中でそれらを生かしめている命の働きが魂です。

心と体を構成する五つの元素と音と光は変化する物質であり、
その奥にある永遠の変化しない不滅の魂を覆っているのです。
ヒマラヤ秘教は宇宙の真理を実際に浄化の修行を行って解明していく、

神からの宗教です。

自然に生まれた教え、ヒマラヤ聖者が発見した実践の哲学です。

ヒマラヤ聖者は自分を純粋に変容させて進化させることで神の営み、偉大な自然の創造のプロセスを実際に体験して悟ったのです。

そうした真理の教えであり科学であり超宗教といえるでしょう。


一人一人の心身はカルマによって蓄積されたエネルギーで質が違い、金属素材の強度がバラバラなように、今までの行為の結果のカルマで性格が強い人、弱い人、物事を気にする人、気にしない人とみんな違います。

それに気づいてバランスの取れた愛と平和に満ちて知恵ある人に進化するための実践をしていくのです。

ですからヒマラヤ秘教の教えというのは、「方便」ではなく、まず根源の神につながり神に出会っていく教えです。

ヒマラヤ秘教は「こうしなさい」「こうしてはいけない」と言われたままに夢遊病者のように生きるのではなく、神とマスターと自己を信じ神と一体になっていきます。師をいただき、深い気づき、瞑想や修行をしていくのがヒマラヤ密教の神髄です。


そのためのいろいろな修行法があります。

長い歴史の中で神聖な人格になる研究をした結果、スポーツ科学が発達したように、変容させて自己の源、さらに宇宙の源に実際に戻って真理を悟る研究してきたのがヒマラヤ密教です。

神様を信じることやいろいろな儀式が、単なるファンタジー的なものではなく、浄化して捧げ、気づきを得て進化するための手段なのです。

周りからどう見られているか
すごく気になって
本当に言いたいことや
やりたいことを出せません。

人は相手を外側から見て、ああだこうだと論評します。
それが相手の姿を正しくとらえているかというと、
間違っていることも多いのです。
その相手のあなたに対する思いを止めることはできません。

人は鏡にたとえられます。
相手の姿として見えているものは、実は、
見ている自分の気持ちが投影されているのです。
相手を気にしている思いやいろいろなエゴがあり、
また嫉妬もあるかもしれません。
相手という鏡に、自分の気持ちが映し出されているのです。
自分にそういう気持ちがあるから、そういうふうに見えているのです。
相手を客観的に見ているのではなく、
自分の想像力を交え、自分の価値観を投影しているのです。

自分に心配があったり、意地悪な心があれば、
相手も気にかけているようであったり、
意地悪な人に見えてしまうということです。
さらに、自分が思ったことは、時に相手に伝わっています。
自分が「嫌い」と思ったら、相手も「嫌い」と思っています。
人間関係を変えたいと思うなら、まず、
あなたから自分を変えていくのです。
「態度が気になる、悪い」と相手を気にしたり、ジャッジしているかぎり、
気になる存在は常にそこにあり、また相手の態度は変わりません。
あなたが気にすればするほどあるいはジャッジすればするほど
人間関係は息苦しくぎくしゃくします。

人との関係は全てが学び。自分を高める材料になります。
私のもとでヒマラヤの教えを学び、

祈りと瞑想を日々実践することで、
いつも良いエネルギーにつながって、
自分の思い込みやこだわりが溶かされていきます。
個々の価値観がぶつかり合うのではなく、
調和したバランスの良い人間関係へと進化していきます。

あなたに起きてくる現実は、全て無意識あるいは意識しての自作自演、
あなた自身が創り出しているのです。
怒りを出せば怒りが返り、恐れには恐れが、優しさには、優しさが返る。
気を遣えば向こうも気にする。
それをカルマの法則といいます。

カルマというのは、あなたが思ったこと、話したこと、
行動したことの全て。

それが記憶されて、次の行為の原因となり、
結果となって実を結びます。
その結果は、また次の行為の原因となり、
あなたの未来の設計図となっていきます。

原因があって結果がある。
良いカルマを積めば、良い結果が返ってきます。
反対に、悪い行為をすれば、悪い結果が返ってきます。

自分の言葉や行為には、心の思いがにじみ出ています。
人は目が外側についていて、他人のことばかり見ているので、
自分のことがわかりません。
自分に起きてくることを、全て人のせいにします。
私のところでは、自分に気づく訓練をします。

自分の言動にジャッジや好き嫌いがないか。

自分の心は常に変化しそこには好き嫌いがあり、
小さい時から、そういう心を使って生きてきています。
お互いに同質のものを引きあってリアクションしています。
こういうタイプの人は嫌いとか、
お母さんみたいながみがみ言う人は嫌いとか、
それは全て幼い時の体験、
あるいは過去生の問題が記憶されていて、
そのエネルギーの残骸がもたらしているのです。
それを浄めて心を超えていくのがヒマラヤシッダー瞑想であり、
ヒマラヤの教えの実践なのです。

ついつい他人と自分を比較して
「私なんか」と思ってしまい
自分に自信が持てません。

人との関係がうまくいかない人の中には、
自分に自信が持てなくて「こんな私なんか」と、
ぐじゃぐじゃ考えてしまう人もいると思います。
人と比較しているのです。
自分を卑下することで傷つかない、自己防衛を選択してきたのです。
自分に自信を持ってください。
神様が与えてくださった、この命と体と心です。
いろいろできなかったことも、あると思います。
でも、それは「学び」をいただいているのです。
これから反省して、きちんと努力して、
できるようにすればいいのです。

また、容姿のコンプレックスとか、能力のコンプレックスとか、
上ばかりを見ていると、つらくなるし、

奇麗な人と自分を比較しても、価値観の評価の違いはしかたありません。
不足を嘆くのではなく、
もうすでに満ちているものに、目を向けましょう。
健康でありがたい。
見ることができてありがたい。
生まれてきたことが、ありがたい。
そうして、自分の何か得意なことを、作っていくと良いのです。
きっとあなたにできることがあります。
たとえば、人のお手伝いができるとか、買い物をしてあげるとか。
タイプを早く打てるとかいうことでもいいのです。

ただ、依存になるようなお手伝いをしたら、
相手が弱くなってしまうので、
その人が真理の道に進めるように、悪い心にならないように。

困っている人の手助けをしたり、人の話を聴いてあげたり。
ジャッジせずに聴くことも、その人の安らぎになるのです。
そこに、ともにいて、聴いてあげる。
何か特別なことができなければ尊敬されない、
なんていうことはないのです。

本当の自分は、全てを知っている存在です。
智恵にあふれ、生命力にあふれ、愛にあふれています。
その本質に出会っていくということを、
していただきたいのです。

そして、心のこだわりを捨てていく。
今まではくっつけて、優秀に見せようとしていました。
どんな知識を集めてもそれを活用して解決するには

深い叡智が必要です。
深い本質は全てを知っているのです。
そこに還っていきます。
それには、今持っているものを、全部捨てなければなりません。
捨てるといっても、「エゴのこだわりを捨てる」、
つまり「こだわらなくなる」ということです。

私たちは今まで、知識を集めて準備することを
「知ってわかる」ことだと思っていました。
でも、今度は執着を捨てるときに「わかる」のです。
何か持っていたものを捨てるとき、
「ああ、これは、こういうものだったんだな」と、
見えてくるのです。
今までは知識でわかっていたのが、今度は体験的に

「ああ、これは、執着だ」

「ああ、これは驕りだったんだ」

「怒りだったんだ」と。

すると、執着や驕りや怒りを感じなくてもよくなるのです。

気づきによって、それを手放し純粋になっていくことができます。

そういう心を使わなくても、生きていけるとわかるのです。

それが悟るということなのです。


これは、小さな悟りです。

源とつながり、愛につながり、無心になる。

そこには、自信に満ちた、あなたがいるのです。

真理の追求は、実社会で生きていくことと
両立できることなんでしょうか。
日々の生活に追われ、
そんな心の余裕を持てません。

「先生の教えを、実生活の中で実践していくのは難しいです」
と言われたことは、これまでもありました。
真理へと続く道を歩むには、
一人一人が他人のせいにせず、
根本の原因から解決して自由になり、悟っていきます。
体や心の今までの体験の記憶、カルマを通した判断でなく、
それを外して本質から純粋な目で物事を見ていけるように進化していきます。

通常、社会の中ではこの教えを実践していこうとしても、
人との関わりでつい今までの癖の心を使ってしまうと思います。
人間関係にわずらわされ、
他人の言動に心がリアクションして心が波立ちます。
真理を求めるものの、いろいろな情報や他人の考えに
振り回されやすいのです。

そのことを、自分を高める材料にする方法がヒマラヤ秘教の教えであり、真理が追求できて、全てが楽に喜びに満ちてきます。

生きること、そこで出会う人と事柄は全てが学びになります。
全ての基本は、調和です。
人間関係も、調和していきます。
とはいえ実際には、それぞれの人の持つ価値観がぶつかってしまいます。
ですから会社では会議が行われ、ちょうどいいところを求めていくのでしょう。

そうした中では、たとえば言い方がラフで乱暴な人もいれば、丁寧だけど中身がない人もいるかもしれません。
言葉の中に込められた思いは、

表面的なものだけではわからないものです。
逆にあなたの言葉が誤解されて
苦しむこともあるかもしれません。

ここで言えることはたとえどんな言葉の形であろうと、
そこに相手への慈愛からの思いやりがあればいいのです。
たとえ内容は厳しいものであっても、
きつく聞こえない言い方もできるのです。
しかし、自己主張ばかりが強いと、
中身がなくすごくきつく聞こえたり、
わからず屋のように見えることもあります。

そうしたいろいろな人たちとのやりとりを見ることで、
「この世にはいろいろな人がいるんだ」

ということを知って学び、成長していくことができます。

そうして時には失敗し、うちのめされて立ち直れないこともあるでしょう。
そういう時も含めて、さらに真理の実践で成長し、
全てから解放されるために、私の修行があります。
ヒマラヤシッダー瞑想などを実践できれば、
心の傷が癒やされ、問題が解決して人間関係がうまくいきます。

一見不思議に思えるかもしれません。
社会の中で傷ついた心を治す本当の方法を、
皆さんが知らないだけなのです。
心理学や精神医学などの科学的なアプローチだけでは解決できないことも、
ヒマラヤ聖者のサマディからの神聖なエネルギーにつながれば
良くなってしまいます。

それはなぜかというと、エゴが落ちてしまうからなのです。
また思いやりを持ち、布施や奉仕など善なる功徳を積むと、
エゴが落ちます。
源の良いエネルギーとつながることで
エゴから離れられるのです。
この好循環を目指していきましょう。

「正しさ」とはなんですか。
正直者がバカを見るこの世に
「正しさ」などあるのでしょうか。

人はみな幸せになるために一生懸命努力しています。
しかし、幸せに到達するために本当のところ、
どう生きていいかわからないのです。
そういう構図は、社会全体とあなたの人生と、
共通するところはないでしょうか。

瞑想して自分の内側を整え、
心とはなんなのかということを知っていきます。
ヒマラヤ聖者の教えとは、自然つまり神からの叡智の導きであり、
「心を正しく使い」ストレスを作らないで楽に生きていくということです。
しかしみんな「正しい」ということが
どういうことなのか、よくわかっていません。

本当の正しさというのは、

宇宙の法則つまり「自然の法則」にのっとるということです。
自然はつまり宇宙であり、
ということは、神そのものなのです。

ヒマラヤの聖者が説く正しさというのは、
自分という小宇宙を探求し、「源には何があるのか」という
究極の真理（サマディ）、神と一体になる本質を悟るための正しさです。
それは自己防衛のエゴを増大させて、曇りを作って
真理から遠くなる生き方ではなく、エゴを外すために
心身を正しくつかっていくのです。
それはまた、愛とはなんなのかということにもつながります。
愛にも、いろいろな種類があります。

人の体は五つの元素の土、水、火、風、空でできていて、

そこに水分もあり、熱もあり、
それらが自然にバランスが取れるシステムがあります。
その均衡が破れた時、
たとえ小さいウイルスでも、それが増えようとして乱れます。
本来は自分が住むべきテリトリーでない人体にとりついていくのです。
人間も同様に、何かにこだわり、とりつき依存して、
エゴを増大させているのです。
心は正直では損をすると思い、そのつど自己防衛のこだわりで
たばこ、酒、スマホ、あるいは誰か人間に依存して鎧をつけて
バランスをとっていくのです。

物質や人、さらには名誉や金を得ることが自分を幸せにするために
大事と考え、それを得て依存し安心するのです。
しかしそうしたことがうまくいかないと、

ニートや引きこもりになるなど、
極端な自己防衛をするのではないでしょうか。

その都度、いろいろとバランスをとって帳尻を合わせて、頑張り、
自己防衛で自分の中に鎧をつける、という依存の癖をつけて、
心と感覚の喜びと執着での、一時的なバランスをとっています。
この「生き方の癖」をカルマと言います。
カルマに翻弄された生き方です。
この依存が強まる例としては、ワーカホリックになることもそうです。
仕事は良いことですが、それを恐れから依存して行い、
行為が止まらないのでやがて、生命力が枯渇して苦しむのです。

ヒマラヤ聖者の実践は、カルマの癖を浄化して、
調和のところ、元に戻すのです。行為を正して執着をとり源の存在に還る、

根本療法になります。
心身を正して生きることは最高の人間完成を目指す行為となり、
正しく生きてバカを見る行為ではありません。
内側から無限の生命力が引き出され、才能が目覚めます。

こだわりの心が強いと素直に感謝することもできません。
病も否定的に思わず、素直に感謝するとよいのです。
全てに感謝していくのです。
正しく正直に生きることが心の曇りを作らず、
源からの生命力や愛が引き出され、楽になり、
幸せになることなのです。

生活の中で「今」へ意識を向ける
コツがあれば、教えてください。

心は常に働いていて今という瞬間にいません。
みんな無意識なので心の動きが見えていません。
心は常に過去の気になることを思い、先を想像して不安がっています。
外から感覚が情報をキャッチして、潜在意識に伝えられ、記憶が刺激されて
それに関連しての思いが湧き上がります。
そのスイッチの入った思考に関連することが展開し心が働き続けています。
また何も見ていないときも、
すでに心にスイッチが入っていることについて思いを巡らせています。
心は常に働き、寝ているときでさえ働き続け動いています。

こうして感覚と心が常に自動的に働いているのが人の生きている姿です。
人は生まれてからずっと欲望に翻弄され、
執着を作り、心が働いています。
人は原初以来、何生もの間、ずーっと本当の自分を知らず、

欲望によって生まれ、生きています。

それは心と体が本当の自分と思い、それを信じているからなのです。
そんなに長い間、心が自分であるという習性に翻弄され、
生き続けているのが人間の姿です。
心を今に持ってくるとはどういうことでしょうか。
心の習性を脱却するのが本当の自分を悟ることなのです。
それはすぐにできませんが、
そこに向けての心がどうなり、どう付き合うか考えてみましょう。

今この瞬間は心の働きがない時です。
そのことで心が休まり楽になるのです。
もしも心に行くエネルギーの供給がなされないと、
心が働かず今にいることができるでしょうか。

心の働きが止む時は死んだ時でしょうか。

人が死ぬとは個体の体が死んで霊魂が自由になります。
霊魂の中にある心は執着や記憶をかかえ、
体から離れて自由になって、もっと早く動いていきます。
その人の記憶のカルマの質と同じ、あの世の質の世界に導かれて行くのです。
そこで霊魂の質が重いとそうした体が作られ、
心がその質に従って働き苦しむのです。
この苦しみを逃れ天国に行くためにも、
生きている間に、心身を浄化することが最も大切です。
通常、心が自分と一体になって何生も何生も続いてきたのです。
ヒマラヤ秘教の実践は潜在意識の心の記憶と体を浄化して
心を超えて究極のサマディを成就して永遠の不滅、不動の存在、
本当の自分を悟るのです。

まず今にいるためには、生活の中で意識を今に向けることが
できるために意識を覚醒させます。
心が心配などネガティブな方に行かないように
心と体を正しく使うことです。
注意深く気づきをもって執着や自己防衛でカルマを作りません。
何か依存するものを信じるのではなく、高次元の存在を信じます。
あるいは深い純粋な自分を信じます。

そして与えられた事柄や仕事を誠実に、人に喜んでもらえるように、
集中して無欲でやっていきます。
見返りを期待しない、結果を気にしない、
先を心配しないことが、今にいる心の姿勢です。
周りに気を取られないように、

浮かび上がる思いを捕まえず、見ていて手放します。
今を無心で楽しみ、精神を統一していきます。
全てに感謝と尊敬をもって行為していきます。
これが今を意識することに通じます。

人は通常、真理を悟っていないので心が自動的に反応し、
心にエネルギーが注がれ続け、心を鎮められず、心を超えられません。
ディクシャという悟りのエネルギー伝授を拝受して
授けられるヒマラヤシッダー瞑想の実践をすると、
潜在意識のカルマが浄化され、意識が覚醒してきて、
無心の瞬間の今にいることができるようになります。
そして日々守られ進化し、天国に行くことができます。
そして良い人生を生きて楽になり、
やがて永遠不滅の今を体験していくことができるでしょう。

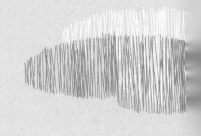

第2章

人との関係を良いものにする生き方

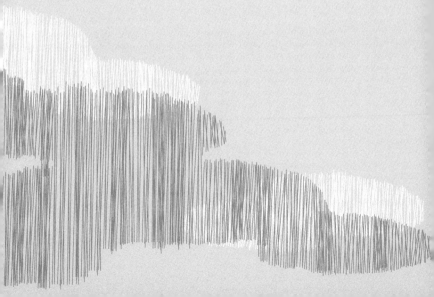

魂の向上にとって、他人との関係とは？

人間関係を良好にする上での大事な要素は、あなたの意識が進化すること です。心が浄化されて意識が進化して心を超えたとき、魂自身が本当は自分であると気づくのが、真理の悟りです。魂が浄化されて向上したといえるのです。魂はもともと穢れのない存在です。

心は魂ではなく、それは「心」を超えた存在です。この真理を実際に体験するのが究極のサマディの成就、究極の悟りです。人は通常悟りへの道に出会っていないので、心が自分と思っています。心の曇りに覆われている魂は存在が見えないので悟らなければ気づかないのです。常に人は心の思いに翻弄され、自分を守るために自己防衛をしています。心は他人と自分を比較しています。誰かと会った時、すぐに真の愛をもって友好的になれれば良いですが、相手がいったい何者であるか、無意識に比較してチェックをして安全を確かめます。誰かに紹介され、その人の素性がわかると安心するのです。

仕事で、人間関係の不調や行き違いが起きることがあります。「あの人はいくら言ってもわからない人だ」と、相手を自分がジャッジし苦手意識を持ったり、あるいはジャッジされたりするかもしれません。

人がいろいろと知識や学歴をつけるのは、いろいろ知って、安心し成長のためですが、熾烈な競争社会で差別を受けないようにと必死なのかもしれません。人は残酷なものですから、何か言葉で間違えたりすると、批判したりジャッジし、また知識でけん制しあうのです。エゴの競争です。もちろんいろいろとでき、知っていることに越したことはないのですが、それを武器にするのは本当の成長ではありません。できることが多いからといってもこだわりになったりして、やがてエネルギーは枯渇します。自分の価値観での無理な押し付けであり、人の決定は人工的なものであり、時に失敗したり限界があり、後で大変なことになります。

誰でも何かにとりかかることが初めての時は不安を感じています。ばかにしたりせずに慈愛をもって親切に教えてあげるのが良いのです。

人のあるがままを受け入れ、ジャッジを超えて、意識を進化させて、思いやりでの出会いが、良い人間関係になっていくのです。

人との出会いは、全て何かの縁があり学びがあります。そこに、自分自身の性格や恐れ、あるいは相手へのジャッジが映し出されます。それを学びとする出会いです。

一人の時より、相手がいるといろいろな思いが沸き上がるのを感じるでしょう。

親しみのある間柄にも、それはあります。

友に対して、どう向き合っていくのか。信頼すること、仲良くするのが望ましいはずです。人との自動的な関係を通して自分のことがわかります。相手との会話で自分のことがわかるのです。

人間関係は全て、自分自身を投影した鏡です。自分に恐れがあると、相手も何か不自然な感じの人に見えます。心は磁石です。同質のものを引き寄せます。潜在意識に過去生からのあなたの行為の記憶、カルマがあります。それが行動の設計図になっています。それを浄化した心の奥に宇宙的愛、無償の愛があります。

それにつながって相手に向かい合うと心の好き嫌いを超えるのです。それは最終的に、悟りを目指すことにも通じます。

全ての現実は、自分の心が作り出しています。たとえば、怒りを出せば、怒りが返ってくるし、優しさを出せば、優しさが返ってくる。それが真理だということが、だんだんわかってきます。「カルマの法則」です。「原因があって、結果がある」。話す言葉とか行為に、心の思いがにじみ出てしまうのです。

みんな、人のせいにしがちですが、自分を変えるのです。

私の会では、まず「自分の言動」に気づきます。ジャッジしていなかったか、嫌ってなかったかと。心を浄化して、ディバインの祝福で愛をもって、自分の価値観を外して接していくことを練習します。悟りへの道を進みます。

他人の成長を願う無償の愛は
生きていく上で
どうして必要なのでしょうか。

職場での上司や同僚との関係、学校での友人関係など、
現代社会は人間関係に悩む人がとても多いようです。
パワハラ、モラハラ、セクハラなどの言葉が、
当たり前のように巷にあふれています。
少子化で兄弟も少なく、小さいころから
コミュニケーションの練習をする機会が少ないのかもしれません。

人間関係とは、許しの連続です。
人間はみんな育ち方も違い、それぞれ価値観があり、意見が違います。
いちいち目くじらを立てていては、ジャッジの応酬になってしまいます。
意地悪な心や卑屈な心で相手に接すると、
相手からもそれに対応するエゴの自己防衛が返ってきます。
自分の中の囚われを外して相手と接することで、
人間関係が良くなっていきます。

さらに進化するためにニュートラルな感情になる訓練は、慈愛の心を育む瞑想を実践しての悟りへの道です。

また今できることは、愛を持ってお伝えし、それでもだめなら、相手の良いところを見ていくようにします。

「あの人も苦労しているんだな」

「昔は大変だったんじゃないか」

総合的にその人を見て、自分のエネルギーが変わってくると、相手も変わるのです。人に期待するのではなく、自分のほうから優しさを出し、親切にしていきます。

自分から愛を出す捧げる生き方です。

それは見返りを期待しない無償の愛です。

神様からいただいたこの心と体を、エゴの戸惑いや、恐れや、いら立ちなどから自己防衛の癖になる使い方をするのではなく、心身の行為をカルマを昇華するために使い、真理の悟りを目指すのです。愛を捧げ布施をし、執着をとって、平和な人、愛の人になり生命の働きが輝く悟りを得ていくのです。

心と体を喜ばせ、執着して依存を起こすエゴからの親切ではなく、相手が真に成長をしていくために、源からの無執着な叡智と慈愛のエネルギーを出していきます。相手も目覚めて、真理に向かうようにしていきます。

エゴを強める生き方はその人の心と魂を曇らせ、生きる力を弱めます。エゴをとるため無償の愛で、周りの人が平和な人、愛の人になっていくためのお手伝いをするということです。そして潜在意識を浄めるためにヒマラヤシッダー瞑想と修行を行います。

死ぬ時は何も持って行けません。
真の幸せはいろいろ集めて欲望で執着を作るのではなく、周りに捧げ、
同時に内側の未知の力を開発して心身を磨き本質に向かうのです。
真理につながり真理になるために、
ヒマラヤシッダー瞑想と無償の愛をシェアすることが新しい生き方です。

今までの生き方である感覚や心の喜びを追求し、自己防衛をするのは
心と体の執着を強め真理から遠くなるのです。

他人の真の成長を願い慈愛を捧げる生き方は、自分のカルマを浄め
最高の人格となる、人から慕われ信頼を集める悟りへの生き方なのです。
真理につながり、いやなことにも感謝できる生き方をして
周りと調和する無償の良い行為で輝いていきます。

人から何か言われても常に相手を許し、
相手の魂に礼拝することで内側から輝いて、
それは絶世の美人でなくても、その人を見ただけで、
人に勇気を与えられる存在になっていくことなのです。

リモートワークや、ネット上でのつながり。
真意が伝わりにくい言葉での
コミュニケーションに、疲れました……。

意外に思われることも多いのですが、
私はコンピュータ、パソコンやスマホを使っています。

ヒマラヤ聖者ですが、70歳ごろから
コンピュータのタイピングを習いました。
原稿を書いて、真理の言葉を多くの人に伝えるためです。
一人こもっているわけではなく、
また日々、多くの人に祝福を与え、秘法を伝授し、
サマディからの言葉とエネルギーと愛で
みんなの心の曇りをとり、気づきを与え、意識の進化の手伝いをしています。
世界の平和を実現するため活動しています。

私はネットはあまりやらないのですが、
それでもパソコンのメールの画面に

いろいろなニュースの見出しが入り込んできて、
それで世間の動きや流行を知ることもあります。

皆さんもふだん、メールなどを通したやりとりで
どうしても真意が伝わりにくく、
誤解を受けたりしてしまうこともあるでしょう。
SNSでのやりとりでも、そうした弊害に
悩まされている人は多いかもしれませんね。

それこそ「論破」する力でもあればいいのかもしれませんが、
言われっぱなしだったり、誤解されたままになってしまったり。
しかも、外側から見ている第三者が言ってくることは、
的外れだったりします。

言葉の表面を見た意見であり、その中にある実相を

正しくとらえていないこともあるのです。
言葉の中に込められている思いは、意外と多いものです。
表面の言葉遣いよりも強いエゴを秘めていることもあるし、
逆にシャイだからこそつい使ってしまう、堅い言葉もあります。
あるいは、嫉妬がこめられた皮肉もあるでしょう。
対面で話せばなんとなく伝わるそうした気持ちも、
字面だけではなかなか伝わらないものです。

そうした、発した側の気持ちが伝わりにくい
映像や文字だけの言葉を読んだ人は、
その言っていることの真意が伝わりにくく、
見た人、読んだ人のフィルターを通して理解しているのです。

つまり、映像や言葉は電波を通し立体的にはなっていないので、

受け取る人が、今までの体験の記憶に符合させて理解していくのです。
それは受け取る人自身の思いでもあるのです。

あなたがもし、誰かが書いた文章を読んだ時に、
嫉妬や怒り、悲しさなどといった
ネガティブな気持ちを感じたとしたら、
自分自身の中にそういう気持ちがあるから、
そう見えてしまうのです。
相手の気持ちを読んでいるつもりになっているだけで、
受け取っているのは全く別の気持ち。
しかも、自分では気づいていない、自分自身の気持ち。
人の想像力には、自分の価値観が投影されているのです。

もし誰かの言葉を読んで

「意地悪な感じの人だな」
「傲慢な感じのする文章だな」
と思ったなら、
自分もそういうジャッジが過去にあったかもしれない、と
考えてみてください。

そしてもう一度読み返してみてください。
相手の立場を考えてみてください。
さきほどまでとは全く違う受け取り方に
なるかもしれません。

本当は実力の無い人間だと
バレてしまうことが怖くて、
見栄ばかり張ってしまいます。

死ぬ時は、あの世には何も持っていけません。
世間一般では幸せになることとは、
たくさんの知識やものを集めることだと思われています。
それらは心と体の喜びで、病気を治したり、
命を充電することではありません。表面的な幸せなのです。
それらは外側を良く見せる道具であり、その依存しているものは、
あなたに真の美しさ、さらに安らぎとパワーを与えるものではないのです。
逆に、あなたのパワーを奪っているのです。

人には良く思われたい、承認してもらいたい気持ちがあります。
そして心は比較して好き嫌い、上下、あるいは優劣を分ける習性があります。
自分にないと落ち込み、それを隠すために良く見せようと背伸びをし、
虚勢を張ったりしがちです。
また心の潜在意識に過去生からの記憶があり、何か失敗した体験の

記憶などがあると行為のブレーキになり、力を発揮できず、
自分は実力がないと思い込みます。そうした心の性質は
自分のカルマとともに、環境や、両親の育て方など、
いろいろな要因で現れているのです。
そこから、意志を強くして離れると、
あなたは自然で自信があり楽になります。美しく力にあふれるのです。

しかしなかなか、自分の心の癖があるのでできません。
あなたが自信を持ち、コンプレックスに打ち勝つ生き方があります。
それはヒマラヤ秘教の教えです。
高次元の存在からの祝福をいただくことで、本来不可能な自分の心の
癖が溶かされ、卑屈にならないで自然体で物事に向かうことができます。
そうした誰も知らない自分自身の磨き方によって、
あなたは真の幸せになれるのです。

さらにあなたの行為が人を幸せにすることが大切です。

生き方を迷っている人がいるなら、正しい道、本質の生き方に導いてあげるのです。品格が高まる善行です。

「あなたの奥深くに神秘の力があり素晴らしいものがあるのだから、それを目覚めさせ、磨いたほうがいいですよ」と伝え、真理へと続く新しい生き方を力強く選んでほしいと願います。

心にこだわりの鎧をつけて頑張って自分を強く見せようとする人が多いですが、真理の道への歩み方を知ることで、本当の意味でその人の深いところから命が輝きだします。


愛の行為で人を目覚めに導くことは、自分の幸せのみを考え、鎧をまとい、執着し、かき集め抱え込む生き方とはまるで別物です。

「あの人から優しくしてほしい」とか、「もっと良く思われ、褒められたい」とか、自分が承認されたいということでなく、自分から優しくしたり、捧げていくということをしていきましょう。
「あの人は私に親切にしてくれない」なんて
勝手に相手に期待ばかりせずに、自分から愛を出していきましょう。
ただし、それが「与えることへの依存」にならないよう、気をつけましょう。
本当に気づきをもって行っているか、自分を良く見せるために演じて
無理矢理やっているかは、現れてきます。

見返りを期待しない無償の愛を捧げます。
エゴの満足でなく魂の喜びにします。
無償の愛を捧げての行為が「なんだ、こんなものか」と思って、
すぐにまた気分が落ち込むようなら、まだ心の喜びを求めているのです。
魂からの喜ぶ行為になっていくには、
エゴを斬る布施など捧げることが必要です。

まず勇気をもって実際に無償の愛を捧げていきましょう。
尊敬しあい、許し合い、努力していかないかぎり、良い関係は得られません。
欲しがる人より、親切に与えていく人になりましょう。
お金がないとか、才能がないとか、ないと嘆いていることは
輝かない人になってしまうのです。
もともとあなたは光の人、純粋な人であり、
そこから何でもできる人になることができるのです。

高次元の存在につながることで、
コンプレックスを感じるような「執着」、思い込みを落としていくのです。
本来の輝く純粋な自分になっていくことが大切です。
ヒマラヤ聖者に祝福をいただき、その教えを実践していくのが近道です。
それによって神聖な存在の強い守りと浄めをいただき、
自然に善行ができ、さらに魂が輝いていくでしょう。

誰かを好きになることは、
執着のもとになって、
真理を追究する妨げになりますか。

人の心には磁石の性質があり、お互いが引き合って仲良くなります。
誰かを好きになり、恋人になって安心するのもつかの間、
自分よりもっと魅力的な人が現れて失うのではないかという、
心配が始まります。
もっと気に入られ、嫌われないようにしようと、思い悩みます。
誰かを好きになって、安心と平和を得るかというと、
こだわりと心配の強い愛の思いは本質から遠くなります。
この愛は肉体と心の愛であり、あなたを常に心の奴隷として翻弄します。
自分の好きなことができないくらい自由を失うのです。

執着して相手に好かれよう、好かれようと思うのではなく、
外側が魅力的な人になろうと思うのではなく、内側の本質から満ちて、
大丈夫という自信に満ちているエネルギーは安心を与え、
そうすると相手のほうから近づいてきます。

それは、新しい生き方、本質に向かうことです。
執着を作り人や物に依存して心を消耗させるのではなく
安らぎをいただき充電する生き方です。
人の奥深くにある本質は、全てを知り、
生命力と、真の愛にあふれています。
それを探す旅をすると、あなたは動じない豊かな人になります。
ヒマラヤ秘教は本質に出会っていく修行法を実践します。
人を好きになっても、まず常に真理への探究の道を歩みます。
その道があなたに正しいガイドを行い、好きになった相手との関係が
傷つけたり、奪い合って消耗する関係でなく、相手を思いやり
お互いの刺激で成長し合う、美しい関係になっていくのです。
執着の愛、奪う愛から常に本質に捧げる無償の愛への進化を遂げ、
魅力的な人に変容していきます。

今までの生き方は、心の欲望やこだわりで何かを手に入れようとストレスを作り、心の曇りで本質が覆われていき消耗する生き方です。

通常人は、自分のエゴの思いのままに生きてエゴを強めることが、魅力的になり幸せになることと信じ、そうなろうと努力して生きています。気を使って心にこだわりをくっつけ、相手を引き寄せようとしてきました。

自己防衛で外側に何かをくっつけなくても、本質のあなたは完全であり、満ちています。

心の奥に叡智と愛と平和に満ちた本当の自分があることを知らないのです。

心を肥大させ ストレスを呼び寄せる生き方ではなく、気づきをもって、お互いに尊敬しあう愛、心を浄化して進化する愛となっていきます。

肉体や心の愛ではなく魂からの愛になっていきます。

すると「あ、これは執着、これは奢りだったんだな」とわかるのです。

さらに究極の真理に出会っていけるのです。この本質へのつながりがディクシャという高次元のエネルギー伝授で起きます。

祝福をいただき、心を浄化し気づき、自由を得て生きていきます。
あなたは恋をしても、しなくてもともかく自分を磨くことです。
心を浄化して真理からの知恵につながることで、
どんなことも乗り越えられるのです。

人を好きになっても執着や依存することなく翻弄されないのです。
愛と知恵が満ち、相手を尊敬でき、相手の思いを理解し、時に赦して
束縛するのではなく生かしあい成長できる人間関係が生まれます。
ですからむしろ今、恋人を探す前に真理の道に進むのが良いのです。

高次元の応援をいただき、どんな人間関係も楽に乗り越えられるのです。
出会ったその相手が、いまだ真理のことを知らず内側を磨いていないなら、
相手が心の奴隷から真理を知り自由な人になることを願います。
相手が真理の道を理解できないと相手のエゴが真理の道に進むことを阻み、
あなたの足を引っ張り挫折することになります。

あなたの真理の道への決意が甘いと、相手に迎合して再び心につながり、
欲望の暗闇を進むことになります。
この道の修行には仲間と聖なる空間と
シッダーマスターのガイドが必要です。

好きな人がいてお互いに修行をできるメリットは、
相手は自分の心を映し出す鏡です。
自分を気づき変えることで相手が変わるのです。
お互いが、内側から満ちて、肉体や心の愛から、魂からの愛になります。
お互いに自信に満ち、お互いが無償の与えあう愛になります。
あなたの生き方は真理を求めながら、純粋な愛を与え、
お互いに助け合いながら、人間性を高め、
豊かな人生を創ることができるのです。
あなたは真理を求めることで、素晴らしい人に出会えることでしょう。

真理へと至る真摯な生き方をしたいですが
実は私には、
以前から好きな人がいるのです……。

人は誰かを好きになり、一緒にいたいと思います。
決して間違った「心の働き」ではありません。
この宇宙、命というものを神様が作った以上、
種の保存の法則は世界の中で
命をつないでいくことであり、
他人に惹かれることも、
神様がそう作っているのですから。

しかし、どんなに愛する人に出会って相思相愛であっても
それは心と感情のエネルギーのぶつかり合いであり、
命の力がそれによって増えるのではなく、体と心が執着し、
こだわりで消耗し疲れていきます。
そこにはお互いの思いやりと理解を伴わないと、苦しみも生じるのです。
喜びとともに常に心配なども生じるのです。

一つのエゴに翻弄された姿でもあることを理解します。

真理からの応援をいただき気づき、新しい生き方をすると楽になるのです。
男女が出会い、愛し合い結婚します。
それは人生の最終目的ではありません。
また、感情や心のレベルの愛は、永遠の愛ではなく、
心は厭きやすく心が変わると関係が変わります。
そして愛が真逆の憎しみに発展することもあります。
さらに昨今の宇宙的規模、地球的規模の災害や戦争、コロナや経済不安が
ずっと続くその禍、誰にも降りかかっている環境の不安定さから、
心が不安になり純粋な愛を貫くことは難しくなっています。
常にこうした環境や経済の不安定さの中で
みんながどう幸せに生きていくことができるかという問題があります。
生きることにつきまとう苦しみにどう対処していくのかです。

男女の出会いは、決して真理への道を邪魔するものではないのです。

高次元の存在を信頼することで、そこからの守りと叡智をいただき、より男女の人間関係や生きることの理解を深め問題を解決し幸せにしていきます。


お互いのエゴを強める関係は苦しいのです。

お互いに相手を尊重しあい、自由を目指しますが、それは真理に通じる質の高い自由です。

感情や心の愛におぼれて、真理の学びができないということではなく、瞑想を取り入れ、気づきを持った進化した生き方にしていくのです。

残念なことに自分の価値観に固執しているパートナーを持つと、「夫が反対するから」「妻が反対するから」と、真理の道に行き瞑想などをすることを阻まれて、思い煩う人もいるでしょう。

自分を精神的に成長させたいのにできないことになるのは残念です。
人を好きになることは一時的な心の衝動でもあり、
命をいただくための真理の道に反対を受けることは残念なことです。

パートナーがわがままで、相手を異常な執着の愛でコントロールして、
魂の成長を阻んでしまうこともあります。
相手が学びたいといっても外に出る自由もないとか、
相手の行動をコントロールする歪んだ愛の関係も、
あるかもしれません。
異常に独占欲が強く相手からエネルギーを奪う関係、
時間と自由が奪われ魂も奪われるような関係です。
パートナーが、そんなに束縛をするのは本当の愛ではありません。
執着の強い手放さない愛や、奪う愛であるとそうなってしまうのです。
そうであるからこそ、修行をしてカルマを浄めます。

相手と程よい距離感を保ち、相手の恐れや不安を
真の愛の祈りによって溶かします。
ヒマラヤシッダー瞑想はあなたの中の執着をとります。
外側の波立つ心や感情をジャッジせずとらわれず、相手の深いところに
神がある真の姿を見て信頼していきます。

あなたの祈りと信じる心が自分を変え、深いところからの
聖なる愛のエネルギーの伝搬で、相手さえも変わっていくでしょう。
あなたの信仰心で祝福が届いていきます。
自分とともに相手の意識が進化するために、真理への道は欠かせません。
ヒマラヤシッダー瞑想は、あなたの気持ちを愛あるものにし、信じることで、
相手も変わってくることでしょう。

他人に恨まれるくらいなら
怒られたほうがましだと思って
低姿勢で過ごしていますが、
そんな自分も本当は嫌なんです。

自分が傷つき、傷つけるのは嫌いと、自分の考えや主張を言わない。
しかし、どこかがすっきりしないままの生き方をしている人がいます。
そして、ますます相手から強く言われて、落ち込んでしまうといいます。
言わないで引っ込むことで
攻撃される回路を作ってしまっているのです。
学校や企業で、いじめられ攻撃されやすい人は、
むしろ、気を使い、言いたいことも言わない人と言えそうです。
そして強い人を受け入れてはいますが、
内側は幸せではないのです。

昔は兄弟姉妹が多く、その間で人間関係のやり取りを
自然に学べたように思います。
今の時代は子供が少なく一人っ子などは家の中で、
兄弟姉妹との喧嘩などでやりあう練習をしていないので、

学校や社会でいじめやパワハラ、モラハラを受けやすいのかもしれません。

人との関係は、相手とのやり取りを学んでいきます。
そこで強い人が勝つようですが、
世の中にいろいろな人がいることを知ることになります。
言い方が乱暴な人、
言い方はていねいでも思いやりのない人、
自己主張の強い人……。
それぞれが自己防衛の生き方をしています。
それがその人のキャラクターを作りカルマ（行為の結果）を作ります。

相手を怖がって、行動に移せず、不安を抱える人もいます。
周りに気配りする人と思いやりのある人が評価され、
もてはやされてきました。

しかし、それが高じて気にしすぎる傾向に発達することがあります。
親に褒められて育った人は承認欲求が強く、
褒められないと元気が出ないのです。
また子供時代や、その他の否定的な体験で人に反応し、
常に怖がる人もいます。
反対に相手の些細な反応を気にせず、
大胆に行動していく人がいます。

以前は「鈍感な人」は、
「空気が読めない人」と忌み嫌われていました。
しかし、今は鈍感が尊ばれているところもあります。
そして、どういう鈍感なのかです。
環境が劣悪でも忍辱《にんにく》で良い人間関係を構築する人、
文武両道で育ちも人柄も良く、自信があり、気にしないで集中できる人、

体力があり筋肉が発達している人、気にしない鈍感な人などになります。
気にするより、気にしないように、
自分の意見を述べて前に進むのです。

大勢の人に出会う場数を踏んで見聞を広めていくと余裕が出てきます。
わからないことは何でも勇気をもって謙虚に聞き、明らかにするのです。
聞くは一時の恥、聞かぬは一生の恥です。
図々しさと鈍感さが必要です。

あるいは一般にお酒の勢いで
言いたいことを言うことが、あるかもしれません。
しかし、これらはあくまでも体を鍛えたり、心が頑張っていて、
根本療法ではありません。
これらが問題を解決するわけではありません。

私は秘密の教えの源に還る、そこからの癒やしが起きる根本療法を勧めます。
人は心と体と一体となり、心の敏感性や鈍感性に翻弄されて
心から外れることができないのです。
心の執着が強く運命を変えられません。

ヒマラヤ秘教には、あなたを救う究極の進化の方法があります。
しかし、私は皆さんに真の自由を目指すように導いています。
悟りに向かうヒマラヤ秘教の修行をして、心を純粋にしてそれを超え、
超然として、慈愛を持つ人になるとよいのです。
ヒマラヤ秘教の実践は、気にする性格を溶かして変える奇跡を起こします。
ヒマラヤ聖者から、ディクシャという
究極のサマディの聖なる波動の祝福を拝受し、
生まれ変わります。
不可能を可能にします。

祝福で神を実際に知る、瞑想と祈りを含めた総合修行の実践をしていきます。

内側を整理してさらに源に達し、不動の人になり、全てを理解するのです。カルマを焼いて、心を超えて死を超えて、永遠不滅の存在に達していきます。本質からの叡智と愛が湧き、平和な心になれます。人のことが気にならず、今にただ在るのです。

また鈍感な人はヒマラヤ秘教の修行で、純粋で透明で快活になり、慈愛を持ってしっかりして強いのです。信頼関係で向かい合い許し、尊敬するのです。ギブアンドテイクの駆け引きの関係から、心を超えた魂の関係となります。自然な威厳が表れ、感謝が湧いてきます。相手の生命を尊びます。

自分の主張も、相手や社会に真理のレベルから愛を伝え、
違いを愛で受け止め楽しみます。
宇宙的愛をもって対応して、周りを癒やしていくのです。

自分より成功している人など
「隣の芝」が青く見えて
心が穏やかになれません。

人は、見えないものの価値が、なかなかわかりません。
つい、目に見える目の前の物の豊かさの価値観にとらわれてしまいます。
人がお金や物を豊かに持っていたり、優れていたりすると羨ましがり、本質に向かうことで将来損をしたらどうしようと疑ったりするのです。

たとえば、三人の前にお饅頭が一個あったとします。
他の二人が何かに気を取られている間に、一人が取って食べてしまいました。
一見、食べた人が幸せになったように思います。
食べられなかった人は損をした気になります。
でも、真理から見たら、単にモノのやり取りで
そこにカルマのやり取りがあり、何か人格が優れるわけではないのです。

早く取った人は一時幸せでしたが、そのことで欲の方向に傾き、
執着ができて、大事な命に通じる未知の力への道を失ったのです。

早く取らなきゃという焦りの心で生命エネルギーが消耗して、
また食べたいなという欲につながって、
せっかちになって消耗していくわけです。
「早く取らなくちゃ」という心の執着で
これからも繰り返し、消耗し疲弊していくのです。

もう一方の人は、饅頭が欲しいなと心では思い、
手にすることができなかった無念さとお饅頭への執着があります。
やはり真理からは遠くなっています。
最後に残った一人は行動を起こさず意識を覚醒させ、
お饅頭がなくなる変化を気づきをもって見守り「今」にいたのです。
それで欲を手放せて、真理に近づくことができたのです。
命の働きが輝いて、本質に近くなったのです。
次に饅頭が来ても、「ま、いいか」と思え、

余裕ができ、内側から力が湧いてくるのです。

それは饅頭を取った満足よりももっと大きな、心の欲望や迷いを超えて、「今にいる」という安心感となります。


もちろんこれは饅頭だけではなく、あらゆるものに置き換えられます。

お金の場合でも、人間関係の場合でも同じです。

誰かと比較して、一時自分のほうが優れていると、ちょっとだけ安心しても、それはしょせん、饅頭を一個早く手に入れた喜びです。


また手に入れ損ねた人が、自分はダメだと苦しむ流れになるかもしれません。

また饅頭といった小さなものでなく、大きなダイヤモンドを手に入れても変化するものです。

変化し不安定なもの、それに囚われて損得に執着する思いの代償は未来にかけて大きく生命エネルギーを失っていくのです。


人はどんな生き方をしたらいいのでしょうか。

今まで親をはじめ学校の先生、あるいはお友達と、いろいろ助けられて生きてきました。

そして今、成功した人を見て、なにか満たされない思いがあります。

あなたは自分の生き方で自分を作っています。

今まで利己的で不満だらけだったのか、静かに感謝や尊敬を出してきたのか。

良いクオリティになるためには、どういう心でどういう行為をするかが大切です。

深い気づきをもって自分の良いカルマを行い、無償の愛の行為をします。

そのためにヒマラヤシッダー瞑想や、ヒマラヤ秘教の修行をしていくのです。

ヒマラヤ聖者の祝福のエネルギーは、アヌグラハという神のエネルギーです。
それはあなたを内側から変えて、
本質からの無限のパワーの応援がいただけます。
信じることで、それを引き出し、愛が出て、良い行為がスムーズにできます。
ヒマラヤシッダー瞑想の精神統一の力で、
良い思いが良いことを引き起こします。

人は高次元の存在につながらないと、
今まで持っていた自分の心の価値観と運命に翻弄されてしまいます。
自己否定の心ではなく、みんなに平等に、「ありがとうございます」と
心に翻弄されず高次元から現れる愛につながって、人と出会っていくのです。
自分と比較する心でなく、叡智をもとに愛を出して、
周りを幸せにすることで生きがいを持つのです。

見た目も頭も悪く、
人と関わるのも苦手。
こんな私を他の人が
受け入れてくれると思えません。

自己肯定感が低く、自分に自信を持てない人がいます。
神様が与えてくださったあなたの命、体、心は、
それだけで何にも代えがたい宝です。
これまでいろいろやってきたことも貴重な学びですが、
まだこれから本格的な進化の道があるのです。

意識を覚醒させて気づきを深めていきます。
内側を浄化して変えることで、
運命が変わっていく機会があなたの前にあります。

容姿や能力のコンプレックスも、
上ばかり見て比較するから起きてしまうのです。
そうした心を外して自然に今を「観る」ことができれば、
健康であるだけでもありがたいと思えるものです。

動けること、話ができること、考えられること、見えること、
どれだけ人間に素晴らしいところがあるかです。
そして愛があり、叡智があり、命の働きがあります。

さらに自分で何でも作り出せるほどの、無限の可能性があるのです。
そして生かされ、心と体が日々変化し、良いほうに変えることが
できる力を得ているのです。自分を変えることができるのです。
そこまで一足飛びに行けないよという人は、
まずは何か好きなこと、得意なことを行います。
あるいはそれができないのなら、歩くことを行う、
あるいは一筋に数をずっと数え続けてください。
一点に集中します。

そのことで心があちらこちらいかないで、

自己を憐れんだり、否定する心からきっぱりと離れることができます。

さらに何か目の前のことに心を注ぎ、体と心を役立たせて使うのです。

困っている人のお手伝いができるとか、「何かお困りですか？」と言う勇気を出せさえすれば、誰でもできることです。


また、人の話を聞いてあげてお役に立ちます。

相手の話をジャッジしないで、ただ「聴く」こと。

それによって、相手は安らぐことでしょう。

家庭のことでも、周りのことでも、人の喜ぶことを、見返りを期待しないで無心で行うのです。奉仕をするのです。

日々の心の持ち方で、自分を判定しないのです。


たとえば蟻などは、どれがどの蟻かわかりません。

あるいはいろいろな形の木があります。

太い木、曲がった木、低い木、それぞれの役割があってそうなって
どれも素晴らしく、そこに好き嫌いは起きません。
いろいろな個性はその人にとっての必要な姿なのです。
自分の心は違いに好き嫌いをつけますが、
それがなければみんな同じで苦しみが湧かないのです。
あなたが好き嫌いで自分を染めると人もそのように見ます。
あなたが無心で神を愛し、それを慈愛にすると人はジャッジしないのです。
そこに生きるヒントがあります。
あなたは愛で捧げていくと、内側からの輝きがプラスされ、
美しい人格に変容していくのです。

人間は、良い行為で良い心でいて、そしてそれにこだわらず、
さらに上を目指せる素晴らしい生き物なのです。
周りから愛されたいと思うなら、あなたはまず自分を愛し、

自分に感謝し、全てに感謝していきましょう。
あなた自身が、周りに無償の愛を与える人になることです。
友達や恋人を得て、安心したいという気持ちはわかります。
自信なく人の目を気にしておどおどしている姿は、人が安らぎません。
好かれよう好かれようと思うのではなく、
あなたはこれを機に自分を変えて自信を持つのです。
ヒマラヤ聖者の教えは実際に神のように不動の人になり、
慈愛を出す人になる教えです。そのための実践の一つである
私が伝授するヒマラヤシッダー瞑想は最速であなたを変えてくれます。

あなたが一体誰なのか、不動の存在であり本当の自分を知る瞑想です。
私は皆さんに本当の自分への旅をガイドしています。
あなたは人に愛を与え、自信にあふれた人、
人に好かれる人に変容するのです。

ＳＮＳ等で人とつながっていたり
周りがものであふれていないと
不安になってしまいます。

「自分を磨く」というと、
今までの常識では、技術を磨いたり、
能力を高めたりすることを指しました。
今の時代、ＳＮＳなどで人とつながり
情報を求め、あるいはつながっているという安心を
いただくこともあるでしょう。
常にそれらを追いかけ、時間を費やして消耗しています。

しかし、真理へ続く教えは、全く違います。
この世の全てを知る知恵を持ち、生命力と無限の愛にあふれた、
本質的な存在を実際に知っていくのです。
本質を悟り、パワーと叡智に出会い楽に生きられるのです。
その本質は心を浄化した後にある、心を超えたところにあり、
心の執着を外すことでそれになっていけるのです。

これまで生きてきた社会で得た価値観では、
いろんなものをくっつけて、優秀に見せようとしていました。
それとは全く逆です。

その本質の存在は心と体の曇りに覆われていて、
見えないで気づかず、発見できないのです。
本質を手に入れるためには、
今までの取り込む生き方から真逆の捧げる生き方、
手放す生き方をするのです。
自分の奥深くにある本質を信じ、内側から満たされるのです。
今まで必死でつかんでいたものや、こだわっていたことは依存であり、
たいしたものではなかったとわかるのです。

もしかしたら知識ではわかっていたかもしれませんが、それが

「これは執着だった」

「これは驕りだった」

「これは怒りだったんだ」

と、体験的に気づき、外れることを通して気づくのです。

執着や驕りや怒りがはずれ
それに振り回されず疲れないのです。

また純粋になり、変容して力強く幸せになっていくのです。

「手放す」とか「捨てる」というと誤解されそうですが、
それはこだわらないで最も大切な全てを作り出す
本質に還るということです。
世捨て人になることではないのです。
今ヒマラヤ聖者の祝福とガイドで
世界中どこにもない究極のサマディの祝福という、

希有な神秘な力をいただいて、
この社会の中でも、真理を獲得できる道が示されているのです。

ただ、物質的な面からも、不要な物を判別することはできます。
持っているものの中には、よく使うものだけでなく、
あまり使わないものもたくさんあるはずです。
年に一度使うか使わないかというものなどは、
本当に必要なものなのでしょうか。
使わなくても、持っていなくても生きていける。
だったら持っていてもいいのではないかと思うかもしれません。

でも、それを持つことでスイッチが一つ入っていて
執着のエネルギーが流れてしまっています。
一つ一つは小さなスイッチでも、

過去生からたくさんのスイッチが入っているのです。
ですからそれらが運命の設計図となって、
必要もない買い物や忙しさに振り回されて消耗し、
生命力を失う人生になります。

ほとんどの人は不必要な欲を持つ癖になっています。
持っているのは、物質的なものだけではなく心の癖を持っています。
それらはプライドやエゴです。
それによって生きる力を得ていると錯覚していますが、
それはあなたを迂回させ、疲れさせているのです。

「自分を変える」努力が
続く自信がありません。
目に見える変化があれば
いいのですが……。

郵便はがき

おそれいりますが
切手を
お貼りください。

102-8790

東京都千代田区
九段南1-6-17
毎日新聞出版
営業本部 営業部行

ご記入日：西暦　　年　　月　　日

フリガナ		男　性・女　性 その他・回答しない
氏　名		歳
住　所	〒　　- TEL　（　　）	
メールアドレス		

ご希望の方はチェックを入れてください

毎日新聞出版からのお知らせ ………… ✔
毎日新聞社からのお知らせ（毎日情報メール） … ✔

毎日新聞出版の新刊や書籍に関する情報、イベントなどのご案内ほか、毎日新聞社のシンポジウム・セミナーなどのイベント情報、商品券・招待券、お得なプレゼント情報やサービスをご案内いたします。

ご記入いただいた個人情報は、(1)商品・サービスの改良、利便性向上など、業務の遂行及び業務に関するご案内(2)書籍をはじめとした商品・サービスの配送・提供、(3)商品・サービスのご案内という利用目的の範囲内で使わせていただきます。以上にご同意の上、ご送付ください。個人情報取り扱いについて、詳しくは毎日新聞出版及び毎日新聞社の公式サイトをご確認ください。

本アンケート（ご意見・ご感想やメルマガのご希望など）はインターネットからも受け付けております。右記二次元コードからアクセスください。
※毎日新聞出版公式サイト（URL）からもアクセスいただけます。

この度はご購読ありがとうございます。アンケートにご協力お願いします。

本のタイトル

●本書を何でお知りになりましたか？（○をお付けください。複数回答可）

1.書店店頭　2.ネット書店
3.広告を見て（新聞／雑誌名　）
4.書評を見て（新聞／雑誌名　）
5.人にすすめられて
6.テレビ／ラジオで（番組名　）
7.その他（　）

●購入のきっかけは何ですか？（○をお付けください。複数回答可）

1.著者のファンだから　2.新聞連載を読んで面白かったから
3.人にすすめられたから　4.タイトル・表紙が気に入ったから
5.テーマ・内容に興味があったから　6.店頭で目に留まったから
7.SNSやクチコミを見て　8.電子書籍で購入できたから
9.その他（　）

●本書を読んでのご感想やご意見をお聞かせください。

※パソコンやスマートフォンなどからでもご感想・ご意見を募集しております。
詳しくは、本ハガキのオモテ面をご覧ください。

●上記のご感想・ご意見を本書のPRに使用してもよろしいですか？

1. 可　2. 匿名で可　3. 不可

これまでの人生をどんなふうに生きたかで、
心身のクオリティの良否が現れます。
心身の行為の結果は、潜在意識にカルマとして刻まれ蓄積します。
体験の喜怒哀楽のエネルギーが心の奥深くに記憶され、
染め上げられ自分という作品になります。

あなたが変えたいと思う自分はどんな自分でしょうか。
変える努力と、目に見える効果がそぐわないと、
やる意味を感じないかもしれません。
その努力は知識や肩書や、生きる技術などで着飾った
綺麗な自分になるということではないのです。
本来の自分、本質の自分になることです。最も自然体の自分です。
あちらこちらに心が執着して依存することではありません。
精神を統一すること、悪い癖ではなく、より良いものに統一することで

その人の性格が変わっていきます。

信仰は生きる力、自分を変える力になります。
高次元の存在、生命の源を信じます。自分を信じます。
ヒマラヤ秘教の教えはあなたの心身を守ります。浄化し進化させます。
今の生き方は、自己防衛で鎧と癖を身につけて、守って生きています。
強い思い込みの心に染め上げられ、それに翻弄されています。
潜在意識には、カルマがどんどん積まれて執着と癖が生まれます。
ひたひたと老化が進み、ストレスが溜まっていきます。
自分を変える努力とは表面的なことでなく、
根元から変えることができるのがヒマラヤ秘教なのです。
悟りのマスターの波動によって変えることができるのです。

自分をどう変えるかといいますと、

癖を直し無駄なエネルギーの使い方をしない、綺麗になること、頭が良くなること、ストレスをためない、全てが良くなること、真理につながり、何の悩みもなくなる、そのために自分を変える努力です。

それがわかりづらいからやらないということですが、水は何の味もなく栄養もないので水を飲まない。あるいは空気に効果があるかどうか、おいしいものを食べるほどの実感がなく、その効果がわからないから空気を吸わない、と言っているようなものです。

ヒマラヤ聖者の祝福はディクシャで簡単にいただけます。信頼すること、自分の思いと体のこだわりを外してサレンダーすると、楽に恩恵がいただけ変わることができるのです。無理に変えなくても自然に変わるのです。

命の力を補給され自然に根源の助けがえられて、変わっていくのです。
私のところの一週間のリトリートは
見た目も20歳くらい変わる、奇跡の変容が起きます。
見た目も著しくすっきり、頭が良くなり、綺麗になるということで
励みになり、楽になり、いろいろな才能が開かれる、
可能性が目に見える形でわかります。

この心身は宇宙と同じ素材ででき、
何生も何生もの記憶が積み重なり、でき上がっています。
それをどこから取り掛かって変えることができるのか。
誰もできないことなのです。
化粧をしたり、綺麗なジュエリーをつけたり、
高価な洋服を着るということではないのです。
自然に見えない垢をとり、変容させることで変えるのですから、

本物の力でないと変えることができません。

そこには真理に導く叡智とパワーと愛が必要です。
それを持つのがヒマラヤ聖者なのです。
ヒマラヤ聖者の祝福で、自然にパワフルに魂レベルのパワーをいただき、
その結果、あなたの肉体と心が浄化され、自然に反映されてきます。
顔つきからして変わってきます。
そして秘法の日々の瞑想と祈りと気づきの新しい生き方で、変わってきます。

正しい教えを信じ、集中して取り組んだ結果、
生き方が楽になり人間関係が良くなります。

全てが、より良くなっていくのです。

「最近なんだかすっきりした顔をしてるね」

と誰かに言われて、進歩を実感することもあるかもしれません。

良いカルマを積むために、
心からの行いではないけれど
「良いこと」をするのは、
真理に近づく道でしょうか。
それとも偽善でしょうか。

心の努力で、他人を許したり、オープンマインドであるように見せかける。
そんな努力をすると、疲れてしまいます。
本当は強くないのに、気にしない人を演じたり、
嫌いな人に無理に優しくしたりと「演技」すると、疲れるわけですね。
だから、家に帰ってきて、ホッとするのです。

演技でしていると、何かを隠したり、何かがくっついてしまい、
それが新しい癖になり、その癖を取るのが大変になります。
かわい子ぶるとか、良い人ぶるとか。金持ちぶるとか、偉そうに見せるとか。
優秀だということを漂わせる物言いをしたり、
何か気取った物の言い方をしたり。
こうした演じることは良いこととして普通に行われていますが、
本当は全て、自然ではないのです。
それは自己防衛で無意識に行われているので

本人は不自然であること、疲れることもわかっていないと思います。

通常は自分の心にはエゴがあり、心を自分と思って
自己防衛の心から行動しています。
比較の心があり、怖れが出たり、ジャッジしたり、
イライラしたりしてしまい、カルマを積んでしまいます。
否定的な心はもちろんカルマを積みますが、
肯定的な心でも、心や感情を強めて使い、良いことをしても
エゴを肥大させる行為になり、魂を曇らせていくのです。
その行為が良いことであっても、
心を浄化し悟りに向かうのとは違うのです。
あなたがカルマを良くして悟りを目指すのであれば、
悟りのマスターの祝福と叡智のガイドが必要です。
なぜならエゴのない状態で、善行をしていくことができるからです。

ヒマラヤ秘教の教えを実践していくと、高次元の波動につながり、自然に無償の愛を出して良いことができます。

やがてニュートラルになって楽になってきます。

演技ではなくサレンダーすることで無心になります。

本質の性質から自然に威厳が出て、力強くさらに優しさが出てきます。

人間関係を良くしたいがために、良い感じに「見せる」のではなく、感謝や尊敬をして、「相手の命を尊ぶ」ということが大切です。

能力のあるなしで判断するのではなく、

平等意識で自然に尊敬を表していくと、良い関係になってきます。

私の会では、祝福と祈りや、段階を追っての瞑想秘法を伝授します。

段階を追って、また気質によっての秘法の伝授と実践で最速で変容し若返り、才能ある人になっていきます。

朝夕、マスターに守られ、瞑想し、
また道場でさらに本格的瞑想をすることができます。
意識が覚醒し、心を浄化し、進化していきます。

ヒマラヤシッダー瞑想では、マスターからディクシャという
サマディ（悟り）のエネルギーを伝授いただき、さらにマントラという
聖なる音の波動の秘法を伝授していただき、高次元の存在、
つまり無限の存在につながって無心になります。
そのほか各種の瞑想秘法伝授もあります。
これらによって、さらに良い行為で、悟りに早く向かうことができます。
その行為は捧げる行為となり、エゴが落とされ、
神と一体になっていく行為になります。
体と心を捧げる行為で、カルマを浄化する修行になります。

人が幸せになるために一生懸命尽くします。仕事もそうです。
無心で、人を真の幸せにするカルマ、行為を行います。
本人がカルマで善なる行為を行うことで、進化と悟りに通じていきます。
その行為の内容は、人を生かす行為が良いのです。
無心で見返りを求めずに行います。
とくに真理の道に導くのが良い行為です。

ヒマラヤシッダー瞑想に導くとよいのです。
良いカルマを積ませていただくのです。
人を生かし自分も悟りに導かれるのです。
相手の命を真の道につなげることになり、カルマを積まずに浄化し、
平和の人になる道を歩むことができるのです。
偽善になるのではなく、しっかり本物の良いエネルギーにつながって、
自分の悟りも目指し、人も救う生き方ができるのです。

景気は悪く、生きることで精一杯。
こんな社会では、他人を許す
心の余裕なんか持てません。

今の若い人たちには、
「自分たちは恵まれていない」
と思う人が多いそうですね。
お金がない、仕事がない、チャンスがない。
そういう時代に生まれたからしかたないと。
そんなことを思っている人が多いと聞きます。
でも私から言わせれば、
皆さん、じゅうぶん恵まれています。

私の子供の頃は、今のように物が豊かではなかったのですが、
それはそれで不便とは思わなかったのです。
一般に家庭もまだ電化されていなかったので、
全てが手作業であったと思います。
お金もなく仕事もなく、何の情報もない時代でした。

キリストもブッダも、貧しい時代に聖者が生まれました。
王宮で育ったブッダはそれを捨てて貧しくなって、
乞食になって真理を悟り、偉大な人物になりました。

貧しい時は心が荒むのかという話ですが、
お金持ちが、立派な心を持ち、
貧しい人が立派な心を持っていないということはないと思うのです。
物を集めること、情報を集めることは、表面の豊かさですが、
それらが素晴らしい人を作るのではありません。

美しい心、美しい体、平和の心、叡智のある心、
人をねたまない心、人をさげすまない心、これらの質の良い心は、
お金がたくさんあるとこのようになれるのではありません。

勉強をたくさんしたからこのようになるのではありません。
物をたくさん集めたらそのような心になるのでしょうか。
その恵まれた生活をするために心をすり減らし、
ストレスを抱えているとしたら、皮肉な話です。

スマホの利用料に車のローン、住宅の維持費。
生活を維持するためにかかっているいろいろなコストの数々は
本当に、全て必要なものでしょうか。
もしかしたら豊かさを維持する見栄のために
いろいろ不必要なものを、抱えているのかもしれません。
スマホアプリは、使わないと生きられないのでしょうか。
SNSだって、絶対に必要でしょうか。
むしろ見栄の張り合いの道具になり、
あなたを疲れさせてはいないでしょうか。

昔は得られなかった豊かなものに、今は埋もれています。
それでも満たされないので、さらにもっとという心があります。
このまま物や知識で心と感覚を満たしても、
一向に深い何かが満たされないのです。
真理に向かわなければ、ただ荒んでごまかす豊かさなのです。

これを打開するために、最高の人間を作り上げるために、
ヒマラヤ聖者が助けます。
あなたを質の良い人に進化させる教えがあるのです。
人間は神が作った大きな宇宙の全てが集約された
小さな宇宙であると、ヒマラヤ聖者は気づいたのです。

この宇宙全体を旅して全てを知ることは大変なこと、

月や、他の銀河系に行ったりすることはかないません。
神様の力で小宇宙は動いて、喜怒哀楽を感じたりと、
いろいろな働きが全部備わっています。

人間は、心がクリエイティブに進化してきました。
さらにこれからは人間性の開発です。
もともとの人は完全なのです。
その本質のクオリティを目覚めさせ、
社会が忙しく物にあふれ、癒やされない荒れる心を整えるのです。
平和と愛と叡智を生みだす、クオリティの高い人になっていきます。
自分が悟ることで内側から満たしていき、
何でも願いがかなえられる人になるのです。

社会を変えるために、自分のカルマを浄め、内側から満たされ、

愛と平和のある、余裕のある人になっていきます。
本当の豊かさを手に入れるのです。
あれがない、これがないと不幸を感じていた心が豊かになり、
あなたは内側から満ちた人になっていくのです。
心に振り回されずに自分でコントロールできる人になっていくのです。

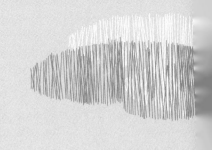

第3章

人を愛することは、自分を愛すること

他人との関係は、魂からの愛で調和する

意識が進化して理解力が身につくと、人間関係を良くすることができます。心の潜在意識には、今までの行為の結果がずっと記憶されています。それがその人の設計図となって、欲望を生み出し、その人特有のリアクションをします。常に外からの情報が潜在意識に伝えられ、記憶で欲望が働き、心が動きます。

それらの心の働きは曇りとなり、心身の源にある魂を覆っています。

魂は本当の自分であり、神です。自分に命を与えている存在です。

宇宙の魂から分かれた存在です。人は本当の自分が心と思っています。

そのことを「心の無知」と言います。心の曇りを浄化して魂を発見するのが、悟りへの道です。

そうでないと心がリアクションして、不安定に揺らぎ続けています。

そして、苦しみを緩和するために、自己防衛をしています。

魂には生命エネルギーが満ち、愛が満ち叡智が満ちています。心を浄化して、苦しみの連鎖が止むことで、心の奥にあるハートのセンター、愛のセンターの扉が開きます。この愛をしっかり開いて、あなたは常に愛を基準にして、行為することができます。

母親には子供を育てるときに無償の愛がたくさん湧き出ます。赤子の世話を最優先で行い、命を守ります。そうした慈愛を男性も女性も、また子育ての時期だけでなく生涯にわたって目覚めさせ、みんなが許しあう、感謝しあう。愛をシェアしあう、世の中になるのが良いのです。

お互いの価値観に振り回されずに理解を伴う人間関係、中心からの愛をもっての関係になることが大切です。慈愛は心の奥深くにあり、それが目覚めるためには、浄めていかなければならないのです。

セルフィッシュな心に振り回されずに、常に本質からの愛をもって行為するのです。

高次元の存在につながり、自分の価値観につながらないで、慈愛で向かい合うことが、人間関係のコツです。相手をジャッジすることなく、許しと愛を送って関係性をより良いものにしていくのです。

人は相手をジャッジします。恐怖を抱いたり、どんな人なのかをチェックします。

それは自動的になされるのです。

インドには、最初に出会った時、手を合わせて、拝んで対面するという教えがあります。

神様が遣わした人なので、学びの人であるという気持ちで、外側はいろいろな衣をつけていますが、中には純粋な、神の存在があるということです。

人に会った時、相手が上の感じがしたらへつらい、下であったなら安心して、上から目線で対応するというような、無意識の計算があるのかもしれません。

修行をすることで、そうした価値観を消し去り、平等な意識で対応していきます。

慈愛が自分を変え、相手を変えるのです。

まず自分を愛する修行が必要です。自己を否定していると、その波動で世の中を見てしまいます。

人は宇宙の愛から生まれたのです。

自分を愛します。その愛が大きくなり、愛を使っていきます。過去生と今生で心が曇っています。

浄化して、自分を変えて愛していくのです。

あなたの心が変われば、相手も変わっていくのです。

職場にいる仕事のできない人に
イライラしてしまい、
つい強い言葉をぶつけてしまいます。

ディクシャはサマディマスターからのエネルギー伝授で心身を浄め、音の波動のマントラ（真言）瞑想秘法を伝授していただく儀式です。それで修行するとカルマが浄化され、慈愛が目覚め、心が平和になります。人間関係が良くなります。

私のところでは、そのほかにもいろいろな種類の瞑想秘法があり、段階を追って伝授、創造の源に眠る生命力と、叡智と、慈愛を目覚めさせていき、運命が変わります。


人は生まれや育ちによって、性格、体質が違い、価値観が違います。過去生からどのエネルギーを使ってきたかで、心の反応も性格で違います。何でもできる人、または不器用の人もいます。

あるいは几帳面な人、ゆっくりの人、人それぞれ得意なところも違います。お互いを理解する、大きな心が必要です。

人間関係は学びです。
自分ができると、できない人の気持ちがわかりません。
自分は上手にできるが教えるのが下手という人もいるでしょう。
瞑想をすると心がほぐれ、相手の理解ができるようになります。
知識でわかるのとは違って、中から全体が見えてわかってくるのです。
瞑想は心を浄化して隙間を作り、やわらかい人になります。
こうでないといけないという思いがなくなります。
自分の今までの考えを客観的に見られます。
相手の立場に立ち、理解できるようになります。
ジャッジがうすまり、愛が増えて、愛から見るようになります。
瞑想をすることで、いろいろな心の癖がやわらげられるでしょう。

ある高学歴を持った人の話です。
ある職場にその人が新しく来ました。周りが鈍く感じられたのか、

「どうして言われたことをちゃんとやらないんだ」といった
他の人へのイライラやジャッジで態度が荒っぽくなってきたそうです。
周囲の人たちのある一面を見てジャッジしていたのです。
ですが、その方が瞑想修行を始めたら視野が広がり、
いろいろな人がいて、いろいろな考えがあると
受け入れられるようになりました。
自分の愛を増やすことで変わり、「些細なことだと気にならなくなった」と、
その職場の雰囲気が良くなり、効率が上がってきたということです。

何か人から注意されて、自分のためになることを言われても、
エゴは反発して素直に受け入れないことがあるようです。
自分の価値観を外して、慈愛を開発し許すということが大事だと、
私はいつもお話ししています。
最初は愛が目覚めないので、神の愛につながって

それをシェアしていくのです。

もちろん「許す」というのは、理不尽なことをされても
ただされるがままになりましょうということではありません。
たとえば、職場でハラスメントを受けるようなこともあるでしょう。
そういう人に注意してもなかなか受け入れられず、
素直に態度を変えることはできないと思います。
今の世の中は改善されてきて、そうしたことを訴える
窓口もあるのではないでしょうか。

宇宙はカルマの法則で動いています。
悪いことを行ったら、将来悪いことが返ってくることを知ります。
自分が良いことをすると良いことが成就するのです。
相手が神の恵みを受けて気づき、良い道を歩くことができますように、

そのように祈りましょう。
日々の人間関係で、苦手な人がいたとしても、
まずは自分がしっかりと愛を持って、偏見なく接するのです。

無心のところから慈愛と理解をもって見てあげます。
人は鏡です。自分が変わってくると、相手も変わってくるのです。
自分の行動を変えることが必要になります。
鏡に自分の優しさが映し出されれば、相手から優しさが返ってきます。
鏡であり、またカルマの法則です。
瞑想修行をはじめ、自分の出している波動に気づいていきます。
自分が整い、平和になってくると、周りをジャッジしないで慈しみの、
愛で見ることができ、周りの人も正されていきます。
みんなが変わり良い雰囲気になっていくのです。
あなたがそれを作り出すことができるのです。

部下を指導するのが下手だと言われます。
しっかり指導しているつもりなのですが、
なぜ気持ちが通じないのでしょうか。

人がしゃべった言葉やおこなった行為には、
知らず知らずに自分の心の思いが表れ、それがにじみ出てきます。
その色づいた波動が伝わります。
そんなことはない、私は私情は挟まず
フラットに接しているつもりと思っていても、
自分では自分のことは
案外わからないものです。
自分の言動を客観的な視点で見ることは、
なかなかできません。

他人のことを自分の価値観で見ていますので
「あの人はああだ、この人はこういうところが良くない」と、
ついつい人のせいにしたり、比較して言ったりするものです。

ですから私のところでは、
「自分はどうなのか」
という点に思いを至らせ、
気づく訓練をしてもらっています。

自分の言動に、相手を裁いていたところはなかったか。
嫌っていなかったか。
誰かと比較していなかったか。
そうした自分の価値判断は、相手に投影されます。
あなたの中の「あの人」像が相手に投影され、
自分勝手に人をジャッジしているのです。

もしかしたら、相手は本当に問題のある人かもしれない。
しかし、それは相手の問題であって、

あなたが働きかけて変えることはできません。
本人が気づかないと変わらないのです。

自分の価値観を浄めること、
自分の心の物差しではなく、心を浄めて、もっと個を超えた、
高次元の存在の視点から見る必要があります。
あなた自身が真理を目指し、
神とつながることで、あなたの心と身体を
完成させていくことをはかるべきなのです。
自分の中にある、人に対する好き嫌いの感情は、
その人を見たからそう感じたものではなく、
あなた自身が小さい時から、ずっと過ごしてきた人生の中で
得てきたものの見方が働いています。

それはあなたの中のインナーチャイルドだったり、
あるいは過去生が影響している面もあるでしょう。
そうした影響のもと、現代の競争社会の中で「心」を使っていくと、
心の中にある波動と同じ性質の波動が引き合って、
リアクションし合って、衝突が起きるわけです。
それを脱するために、瞑想で心を浄め、
日々善行をして、人に親切にして、人の喜ぶことをします。
職場でみんなが喜ぶことをするのも良いでしょう。
それはみんなの命が喜ぶことです。
そうしてカルマを浄化して整えていきます。
瞑想によって、さまざまな記憶のエネルギーの残骸を
浄化していき、また意識が進化して気づきが増していきます。

今までの人生の中で、物心ついたばかりの小さい頃からつい昨日まで、

いろいろと嫌な記憶があると思います。
悔しい思いをしたこと、いじめられたこと、兄弟ゲンカしたことや
親にガミガミ言われたこともあるかもしれません。
その結果、こんなタイプの人を嫌いになったとか、
お母さんみたいな人が苦手になったという
思いが生まれてきたのかもしれません。
そうした記憶が持つエネルギーの残骸を浄める力があるのが
ヒマラヤ聖者の祝福と、マントラ瞑想をはじめとした各種修行法なのです。

ヒマラヤ秘教の実践であなたの心が変容して
平和になり、慈愛が湧き、理解が進みます。
その結果、人を指導するときに
相手を思いやって、理解して、許したり、親切に教えたりと、
自然に良きリーダーになっていけるのです。

口下手でうまく自己主張できず、
あとから「ああ言えばよかった」と
後悔してばかりです。

心というものはお数珠のように、
思いが連綿と続いて出てくるものです。
心配事などがあったりすると、特にそうなります。
さらにはこうなるのではないかと悪いほうへと
想像するようになっていきます。
過去の充分話せなかった否定的な思いにつながり、
ますます表現できなくなります。

その思いを断ち切るために高次元の存在につながり、
瞑想をしていきます。
信頼は強い絆です。高次元の存在につながって、
信頼してさらに瞑想をします。

瞑想秘法の波動は聖なるエネルギーであり、

それが広がることで心があらゆる執着から離れ、
「今にいる」ことができるようになります。

さらに無限の叡智につながり、直観が働くようになります。
普通は自分の今まで学んだ知識などからアイデアが引き出されるのですが、
そこに思い込みの限定があります。
しかし、心が浄化されてくると、それを超えた存在から、
適材適所で良いアイデアが浮かぶようになります。
その結果、人間関係においても
「こうしておけばよかった」
「こう言われたけど、しっかり言いたいことが言えなかった」
と後悔することもなくなります。

ベストの自分を出すためには、瞑想で思い込みの限定を外して

無心になり、自分をなくすことが必要です。
「自分をなくしたら、ぼーっとなってしまって、何も言えないのでは」
ということではないのです。
あなたにブレーキをかけていた
自分はダメだ、人前で話せないなどの、心の否定的な思いが外れて、
無限からのパワーを助けに自由に言葉が操れるようになるのです。

瞑想は、世知辛い競争社会の世の中で勝ちぬくエゴに
パワーを与えるために、行うものではありません。
それではエゴの競争のために、体と心をさらに酷使することになって、
ますます心身を正しく使うことからかけ離れ、
深いところが傷ついてしまいます。
心のこだわりや、いろいろな知識を外して、
素直な平和な気持ちになると、叡智からの直観が働いてきます。

そこからの愛ある何気ない一言は、
「あの人、良いこと言うわね」などと評価されるのです。
いろいろ心を駆使しての理屈を言うより自然で、
それは限りなく真理に近く、
愛からの的を射た言葉になるのです。

誰かが悪口や嫌なことを言ってきても、
常に無心のところにいて
楽にして思いやりをもって一言、
愛の言葉をかけるだけで
相手に気づきを与えることができるでしょう。
瞑想をして変容した人の愛と智慧からの言葉には
人を安らがせ、人を落ち着かせる力があります。

競争社会ではともすれば、お互いに頑張ってけん制して
打ち負かそうとしあう中で、あなたは心を超えて慈愛を持ち、
平和で、感覚や思いにとらわれないで生きていきます。
そういう生き方ができたら、どれだけ気が楽でしょう。
心は常に比較し、自己防衛で勝ち負けを気にするのです。
今までの価値観を外して生きていくのが
新しい生き方、真理に向かうことです。
自分の価値観で見ていると相手の嫌なところしか見えないけれど、
視点を変えて宇宙的愛から見ることができれば、
あなたの世界は変わってきます。
今までは嫌いだとしか思えなかった相手でも、
その人の良い部分を見て、好いてみることができれば、
パッと流れが変わって、
相手と良い人間関係を築くことができるのです。

上司にパワハラされています。
どうしたらこの理不尽な仕打ちを
やめさせることができるでしょうか。

上の地位にいる人には、上にいるなりの苦労があるものです。
「部長は本当にイヤミな言い方しかしない」
と思ったとしても、違う視点で見ることができたら、人にものを頼むこと一つでも大変なのではないかと、想像することができるでしょう。

たとえば、上に立つ苦しみを抱えている人たちは、いったいどこで息抜きをしているのか、想像できるでしょうか。
昔は赤提灯でお酒を飲むということかもしれないですね。
今は「帰りに食事はどう」と部下を誘っても
ハラスメントだと言われる時代なのだそうです。

しかし、ゴルフやお酒でストレスを発散させたとしても
それは根本的解決ではありません。

いろいろうまくいかず、どんどん黒々としたストレスがたまっていって、
周囲に悪影響を及ぼしているのです。
それを、こちらから変えることはできません。

救いは、ヒマラヤシッダー瞑想をして神（本質）とつながることで、
上司に対しての関わり方が変わり、相手が変わるということです。
それはあなたが変わり相手も変わるということです。
瞑想にすぐに出会えないなら、では、どうしたらいいのでしょうか。
新しい道を選ぶということも考えられます。他の職場を探すということです。
本当に今いる場所が、あなたにとってベストな場所、
かけがえのない場所でしょうか。
「この困難も、ヒマラヤシッダー瞑想で自分を変えて克服する修行なんだ」
と思えるくらいならいいです。
本当はもっと単純な解決策があるのに、

自ら目を背けているということはないでしょうか。

私から皆さんの生き方を見ますと、
「トゲ」
を出して生きているように見えます。
それは攻撃的になっているということではなく
「自分を守りたい」「あの人は怖い」
「もっと私に親切にして」「もっと認めてもらいたい」
という期待の思いがあり、
自分を傷つけるいろいろなものから
自分を守るためのトゲです。
そういったトゲや鎧を、
瞑想や、他人との関わりの中で学びをいただき、
自分を変えていくことで溶かしていくのです。

それには高次元の存在につながって信頼し
相手の中にも神を見て無心で感謝し、
ジャッジしないで受け入れて、
無償の愛を分かち合っていくことが大切なのです。
なぜなら、人間を取り巻くこの大自然が
分かち合い、与え合ってバランスを取っているのです。
これが真理なのです。
それに気づかない人は、自分だけ何も与えず、
宇宙や命を利己的に、心の欲望で使っている人なのです。
そのことで競争が起き、自己防衛が起きます。
戦いが起き、苦しみが起きるのです。

今こそ「利他的な人」になっていただきたいと思います。
それがまわりまわって、あなた自身の魂のためにもなっていきます。

それは神に捧げることと同じです。
そうした波動を受けて上司も変わってくるでしょう。
そのことで、源からの祝福がやってくるのです。
人に要求するのではなく自ら捧げていくのです。
それがスムーズにいくためにに今までの
欲しい欲しいの、欲望の記憶を浄化する、瞑想をしていくのです。
ヒマラヤシッダー瞑想がそれを助けることでしょう。

私のところの生徒さんが、自分が上司をジャッジせずただ感謝していったら、
上司が変わって、感謝を述べるようになったと報告がありました。
ジャッジしていると生意気な奴ということで、
ますます同じエネルギーが引き合うのです。
自分が上司に振り回されずに、感謝をもって挨拶を行い、
自分に与えられたことを一生懸命誠実に行うのがよいでしょう。

家庭のある人を好きになってしまいました。
この思いは純粋なつもりですが、
やはり許されないことでしょうか。

恋愛感情も、肉体や心の単なる執着であれば、決して幸せになることはありません。

人を好きになることは自然なことだといって、他人の奥さんや旦那さんに執着して心を寄せるのはやはり良い結果になりません。

もしそうした道ならぬ思いにとらわれそうなときは、

「本当にこの人に惹かれているのか」

「他人のものを横取りしたいだけなのではないか」

「お金や容姿に魅力を感じているだけではないのか」

「単なる肉欲を相手に求めているのではないか」

と、自分を顧みてみることです。

寂しさや自信のなさからどうでもいいものに執着して、自分の中で勝手に大きなものととらえてしまっているのではないかと。

それに気づけたら、きっとスッキリします。

そうした自分の思いこみに翻弄され、コントロールできない人は、多くいるのではないでしょうか。

出会いがあり、熱くなり、冷めて嫌いになり別れがある。

真理でないものは崩れていくのです。

心は奪い奪われ、常に葛藤を生み出すのです。

人を不幸にした上の幸せは、何かすっきりしないのではないでしょうか。

しかし、誰もが自分の不足を一時的な思い込みで満たそうと、うごめくのです。


欲望の一時的な喜びは続かず、やがて鎮火します。

カルマという心の欲望に翻弄されて、いけないと思っているのに不倫したり浮気したりするのも、自分の意志が弱いのと、深いカルマが影響しているのかもしれません。

別れても、また同じタイプの人を選ぶことがあります。
それはカルマの記憶があり、同じ行為を繰り返すのです。
自分の内側の潜在意識のカルマを苦行によって浄化し、
運命、あるいは過去生からの宿命を変えないと変わらないのです。

あなたの内側を変えるのに、
ヒマラヤシッダー瞑想やそのほかの秘法が助けます。
また人を助ける奉仕を行うのです。
そして源の本質につながり、神を愛します。神に捧げます。
そこに体と心の行為を捧げるのです。真理への愛を強めていくのです。

人と人との間には、いろいろな愛があります。
よりクオリティの高い愛、無償の愛を育むのがよいのです。
あなたは今までにどんな愛を経験してきたでしょうか。

あるいは心を閉ざして、愛を感じなかったでしょうか。
人を愛すること、思いやることで気持ちが良く幸せになる愛を感じ、
一緒にいたいという感情が起こります。
子供への愛。友への愛。両親への愛。いずれも、
相手のことを魂の立場から考え思いやり、
一緒にいてお互いに周りの人を傷つけることなく、
相手の命を生かす愛であるのが良いのです。
魂が望む関係性であるとうまくいきます。

しかし、その思いが過剰になると、相手に執着し、行為に干渉するのです。
相手からエネルギーを奪うことになっていきます。
自分の心や肉体の満足しか求められない。
それは多くの人が犯している執着と欲望の罪なのです。
深いところに寂しさという、自分だけでは満足しえない事柄があるのです。

相手の自由を奪いコントロールする関係。奪う愛。依存の愛。

人は心の愛で誰かを愛しても、その愛が失われるのではないかと常に悩み、苦しみの愛です。心の愛で埋め合わせても寂しさは消えないのです。愛が終わりまた同じことを繰り返すのです。

心の愛は消耗の愛であり、依存し破綻します。肉体の愛も同じことです。

源の存在への愛にシフトしないと、いつまでも相手の命を蝕むのです。

進化した愛、神からの愛で内側を満たし、愛がほとばしり出て無償の愛をみんなに与える人になれるのです。

高次元の存在につながり信仰し、愛を捧げ布施と奉仕をしてカルマを浄めていきます。内側が満たされていきます。

さらに気づき、心身を浄め、執着から離れ、源の存在を悟っていくのです。

人が目指す真の生き方なのです。

意地悪な先輩に優しく接しようと
頑張っていますが、本当は怖いし
利用されるのではという不安もあります。

自分は先輩に不当に低く評価されている、
間違った評価をされている、
自分が良く思われていない……。
そんな感情にとらわれ、辛い思いをしている人もいるかもしれません。
しかし、そうしたネガティブな思いは自然と自分からにじみ出ていて、
変な雰囲気を作り出していることにもなります。

あなたがそうであるとして、でも愛を持って見ましょうと言われても、
正直なところすぐにはできないのでしょう。

こうした出会いは間違いなく、あなたが成長するための
ありがたい出会いなのです。
相手ばかりを見るのではなく
自分の中に何があるのかに気づいていくことです。

しかし、相手から気に入られようといつもいつも気を張っていたら、
疲れてしまうと思います。
本心でないのに芝居じみて良い人を演じたり、
嫌いな人を気にしていないふりをしたり、
媚びてみたり、虚勢を張ったり。
それは疲れるでしょう。
ちゃんと修行をして内側のいろいろな思いの残骸、記憶を浄化しなければ、
それは内側から波動として出てしまうのです。
本当に自然になるというのは難しいことです。

「こうなろう」と無理に心を作って「演技」することは、
自然になることへと通じる道ではないのです。
むしろ、余計なものが心に
「くっついて」しまうことです。

それが新たな「心の癖」になってしまいます。
それを浄化して取るのはよけい大変になってしまいます。
かわい子ぶる女の子とか、
自分を偉そうに見せる人とか、
充実しているように見せようとする人とか……。
話し方で良く見せようとか、凝りすぎると不自然になっていくでしょう。

インドの偉大な聖者がいますが、本当に純粋です。
内側を浄化して自然な人になると、
嫌みのない威厳を醸し出しています。
そして同時に安心感や優しい雰囲気があふれ出てきます。
神聖なエネルギーになっているので無理に演じて話をしなくても、
自然な人の周りは、安らぎが得られるのです。
さらに直感が湧いて、良い話になるのです。

修行をしてカルマを浄化していくことで、
そうしたものが身についていきます。

人間関係を良くするのに大切なのは、
自分を強く見せるか、弱く見せるかということに汲々とすることではなく、
素直に相手から学びをいただいていることに感謝し、また尊敬をします。
相手の命を尊ぶ姿勢です。
それは神から贈られた自分がどう生きるべきか、
しっかり神の子としての自分を尊び、それを表現していくのです。
他人に自分の対応の仕方の良否が現れます。
自分を見つめるありがたい機会です。
その関係は人に変わってもらうのではなく、
自分の意識が成長することで、相手も変わることを体験するのです。
自分が変わることで周囲の人との関係も、良いものになっていくでしょう。

人を変えるのではなく、自分が変わることで、人も変わることを学びます。

この世界は、自分の思いでより良い世界を作り出せる学びです。
さらにシッダーマスターにつながることで、
高次元のエネルギーをいただいて、
自分の不安やジャッジから離れることが即座にできて
周りに良い影響を与えることができるのです。
そうでないと心は常に、原因と結果の法則で
カルマの行為の記憶に翻弄されています。
今あなたは愛を選択し、相手への尊敬を選択し、
とらわれないことを選択することで、雰囲気が変わり始めるでしょう。

仕事や子育てなどで忙しく、
瞑想など魂磨きをするための
時間を取ることができません。

仕事と子育てを、両立してしっかりやることに、一生懸命であっても、
生命エネルギーが消耗していきます。
忙しく頑張っても、ストレスをためやすく老化し、
病気になりやすくなったりします。
子供は母親の一番身近にいて
忙しく落ち着きのない波動の影響を受けていきます。
子供が平和な環境でおおらかに、
良い子供になるように育てて欲しいものです。

母親に余裕がないと、時に乱暴にイライラして、
ちょっとしたことにも切れて、しかりつけるかもしれません。
日々忙しく余裕のない波動は仕事にも影響しますし、
子供に伝染し、悪い影響を与えます。
どんなに器用であっても、自分を高めようと頑張っても、

心での頑張りはエネルギーを消耗するのみで、限界があります。

瞑想など魂のことをする時間がないと言っていも、
自分の力は変化し、無限ではないので、どうにもならないのです。
たとえ経済的ゆとりができても、心は変化し、常に心配を探したり、
仕事を見つけまた忙しくして消耗するのです。
心は忙しいのが好きであり、何かに夢中になるのが好きなのです。
心を深くリラックスするのがいいのですが、
心は常に働こうとするのです。

瞑想は忙しく、時間がない人こそが、するのがいいのです。
心がリラックスしてエネルギーが充電して、疲れが取れて、
また仕事に向かい、早く仕事が効率良くできるのです。
今までの疲弊する心を断ち切り、安らぎ、より良い人生になるつながりは

瞑想のある生活をすることでできてきます。
人は瞑想の価値を知らず、見える仕事はしても、
根本を良くする瞑想を「忙しい」「時間がなくてできない」と、
言い訳をして行わないのは間違えた選択になるのです。
悟りに向かう瞑想がどんなに、子育てにとって重要か。
生きることにとって最優先にしなければならない大切なことなのです。

魂は、体と心を生かしている源の力です。生命エネルギーを引き出すことで
時間を超える人になり、時間ができるのです。

ヒマラヤシッダー瞑想秘法をいただき、
瞑想を起こす高次元の存在につながり、祝福をいただくのです。
そして源へ向かい真理を知るための道を歩みます。
エネルギーが充電して、良い仕事ができ、子育てが楽になります。
才能が目覚め、仕事も質の良い仕事ができるでしょう。

集中力が身につき、時間ができ、余裕ができて疲れません。

また子育ても心配がなくなり、ゆとりをもって、愛と知恵をもって子供に良い影響を与えていくことができます。子供も素直に育ちます。

人間関係が良くなります。洞察力が増し、クリエイティブに仕事をこなし、尊敬されます。言葉が優しくなります。短い睡眠で回復します。

時間ができ、今まで以上にいろいろこなせても忙しいという感覚がなくなります。

時間がなくて瞑想ができないという言い訳をはるかにこえた、メリットがあります。

あなたの価値観が変わります。源の無限の叡智と、愛とパワーが引き出されるのですから、何でも上手にでき、なおかつ安らぐことができるのです。

これらのことで、母親が安心した自信のある人となって、子供を育てられるのです。
潜在意識がきれいになり、空になることで、天国へ導かれていきます。
瞑想は魂の食事です。免疫力を高め、命を輝かせ、
智慧と慈愛が湧く修行です。

子供は瞑想秘法を受けると、いじめにあわなくなり、
勉強も良くできるようになります。思いやりがあって、
内側からパワーが湧き、子供にとって最も大切な波動が整い、
自信のある子になります。
何をやっても上手にでき、良い成績を上げることができます。
枝葉のほうに無駄にエネルギーを使わず、
あなたの魂の輝きを取り戻していくことになるのです。
これからの長い人生、小さいうちから
真理に向かうことができることは、たいへんすばらしいことです。

反抗期であつかいにくくなった
我が子との関わり方に
悩んでいます。

親が手取り足取り面倒をみると、
子供は自分で考えることができない人になってしまいます。
子供は心が発達してくると、最初は下手でも自分でやりたいのです。
心配しすぎるのは、親が子供に依存しているのです。
子供が大きくなって自分を離れていくことは寂しいですが、
親自身も子供に対するこだわりを捨てて、子離れしていきます。
そうでないと子供が人間的に脆弱になってしまいます。
一番良くないのは、言葉を先取りしてしまうようなことです。
しかも「うちの〇〇ちゃんはこう言いたいんです」なんて、
他人に伝えることまでしてしまうと、
子供は他人との関わり方を学ぶことができなくなってしまいます。

また子供たちは特に異質なエネルギーを排除します。
それは心が新しい異質なエネルギーを警戒するからです。

そこに差別と排除が発生します。
これを防ぐには、みんなが慈愛を目覚めさせていく必要があるのです。
それに親自身が自分のことに集中して、子供に尊敬される人になることです。
そうでないと親心で守っていたはずの子が、自分からできない子になり、
いじめの対象になってしまいかねません。
また、親が小言を言ってばかりだと子供は萎縮してしまい、
物事をはっきり言えず、緊張し、親を避けてしまい、
あるいは乱暴な言葉を親に言うかもしれません。
さらに不快なエネルギーを周りに発するようになって、嫌われてしまいます。

もし我が子が難しい状態になって悩んでいる方がいたら、
一度神聖な安心できるエネルギーにつながる体験をさせてあげてください。
先日も、ある子供にディクシャを授けました。
それはヒマラヤ聖者の神聖なエネルギーの祝福を受けて、

乱れたエネルギーが整い、性格が安定するのです。

次の日にいつもいじめてきていた子がいじめなくなり、その子の家に行って遊んできたそうです。

自己防衛で良くない生き方の癖がついてしまった子でも、ディクシャで祝福とマントラをいただき、一瞬にして守られ、整えられ、守りをいただき楽になり輝くのです。その後、いただいたマントラの波動で常に守られた感覚と安心をいただくのです。恐れなどの否定的なエネルギーが、聖者のシャクティパット（高次元のエネルギー伝授）で浄化され、自信を持った子供に生まれ変わります。親に対しても周りに対しても、一瞬にしてエネルギーが安定して素直な良い子になるでしょう。

ヒマラヤ聖者のエネルギーは、カルマを焼いた透明で純粋な、進化したエネルギーであり、力をいただく祝福です。

子供には生まれて最初に触れる親御さんのエネルギーが伝播していきます。

ですから子供を直接に早く良くすることも大切ですが、
親御さんが平和な存在になることが、欠かせないのです。
親の子供への関わり方は特に問題となりますが、心の関わりではなく、
愛の関わりが良いのです。心であれこれと思い、心配しても、
それが自分にも子供にも良いエネルギーとして働かないのです。
さらにカルマという記憶のエネルギーに翻弄されています。

やはり親御さん自身も、子供もディクシャを拝受して、
深いところから、生まれ変わるのがいいのです。
ディクシャでヒマラヤ聖者の悟りのエネルギー伝授と瞑想秘法の
聖なる波動をいただくことで、心身が浄化されて生まれ変われるのです。

親も子も拝受して、継続して信じて祝福をいただきます。両者とも自然に
愛が湧き、子供はお利口で、元気な子になっていきます。もちろん大人も
子供も、日々の道徳的教育、正しい心身の使い方の教育が大切です。

あわせて母親の慈愛が大切です。

お母さんが日頃から深い愛ではなく見栄から、人にどう思われるか気にしてエゴからくどくど注意していると、もともとは素直な子供であるのにネガティブなエネルギーを浴びせてしまうことになります。

すると子供が傷つき、親の言葉が心地良くないので反発をするのです。

しつけると思っていても、親のエゴで言う言葉に反応するのです。

「三つ子の魂百までも」。子供の時に両親から受けた波動は深く染みつきます。そして生涯、常にそのエネルギーを呼び込みます。


まず、親が変わらないとならないのです。

親子ともに修行をして、気づきを深め、神聖なエネルギーを信じて、常に修正をいただきながら進化する必要があるのです。

こうした本を読むことでも、すごく母親の意識が変わります。

まず、あなたが変わることなのです。

苦手な人に歩み寄る
その第一歩が、
どうしても踏み出せません。

人はみな、生きて、心配ごとを抱えています。
「あの人は苦手だ」とか、また「明日は何しよう」とか、
「あれはどうなったかな」とか「体のここが痛い、具合が悪い」とか。
心がいろいろに振り回されて、常に心が働いています。

人間関係も好きな人、嫌いな人がいて、苦手の人を避けています。
みんなを受け入れる大きな愛の人になりたいと思っても
自分の中で苦手な感情があり、ブレーキがかかってしまうのでしょう。
学歴とか、肌の色の違いとか、何か能力の違いとかで、
そこに差別が生じます。違いを発見するのが心なのです。
危険を察知して、敵とみると、何かを防衛するか、攻撃をするかです。
しかしこれが癖になってしまい、常にそうした差別を行い、
世の中に不調和が起き、争いが起きるのです。
心を平和にするためどうしたらいいのか、それが進化の証です。

人間は心が発達して、クリエイティブになりましたが、その弊害が、間違えた記憶と差別です。そこから脱皮して、さらに素晴らしい人間になるための進化の修行がヒマラヤ秘教の実践にあるのです。カルマを浄化して変容させ、平等の心にする修行です。いろいろなことにサレンダーして差別をしないのです。相手をジャッジしないということが大切です。相手の魂を見て、関わるのです。表面の違いで、好き嫌いを生じさせないということです。

大きな愛の人になる必要があります。心は常に過去の印象に左右され、目の前に見たことを判断するのです。心はいろいろな価値観を持っています。そうした過去の行為の記憶の蓄積、カルマをもとに色眼鏡を通して今を判断しています。

ですから多くの人が、今にいて無心で見ることができないのです。

できるだけ今にいることを心がけていきます。


ヒマラヤシッダー瞑想はカルマを浄化し、内面を整え平和にします。

継続することで変容して性格が変わり、常に平和になります。

そのほかの秘法もカルマを最速で浄化させて好き嫌いでなく常に愛をもって接することができるようになります。

ヒマラヤシッダー瞑想を習慣化することで、周りの出来事に心がいちいち、リアクションしなくなり平和になります。人間関係においても、苦手意識が出てしまうところも平静でいられ、恐れがなくなります。


平等というのは、好きとか嫌いでなく、みんな平等で、みんなに感謝する気持ちになることです。その状態で人と会えれば相手も警戒しなくなり、こちらも普通に話ができる。みんながお互いに良い波動を与えあうのです。

無心になり、心を平和にして意識を進化させます。
相手の良いところを見ることもできます。
そうすると、人間関係は全て良くなっていきます。
でも、自分から警戒態勢を解いていくことを怖がってしまうのもわかります。

私は、人間関係に悩みがあるという方との個人セッションの際には、
苦手の人に対して意識を変えていく処置をします。
その後でまたその人物を思い出してもらうと、
前は怖がっていた意識が、すとんとなくなっているのです。
この本を読んでいる皆さんも私に向かって話をしている気持ちで、
「その人のどこが嫌いなのか?　どこが苦手なのか?
良いところを見つけることはできませんか?」
という問いかけに自ら答えてみてください。

苦手意識や嫌いという心が働くのは、初めから関係が悪かった相手だけとは限りません。あんなに愛し合って結婚したはずの相手が、今や顔を見るのも億劫で家に帰りたくない、といった人もいます。

「旦那が家事を手伝ってくれない」

「かみさんが俺のつらさをわかってくれない」

なんていう不平不満が何年も積もり積もって、いろいろとジャッジしてしまうようになるからです。親子間でもそうかもしれません。同じ家に住む家族同士だからこそ、ジャッジをしてしまうことが多くなるわけです。


それが全て感謝しあうことに変わったなら、どれほどうまくいくことでしょうか。

ヒマラヤシッダー瞑想で、源の存在・神と一体になって、今にいることで、心が消えて、何もジャッジしなくなり、愛と感謝が生まれ、好き嫌いや苦手意識がなくなるのです。

「嫌われたくない」という心配や
「他人に好かれる人になりたい」
という思いが常にあります。

人は嫌われるのをおそれて、自分の意見を主張しなかったり、相手に迎合し、気に入られるようにします。心を使って、殺伐とした関係にならないよう、努力しています。でも気を回しすぎて、相手から強いことを言われると、大きなダメージを受けて引きずってしまう人もいます。

他人にどう思われているかが気になり、気を使って、心がぐるぐるして、無駄なストレスで疲れてしまうのです。

そのおどおどした姿が、逆の効果を引き寄せることもあるようです。

少し違うあり方をやってみます。出会いで緊張関係になる人にさらに気を使って、「好かれよう、好かれよう」と思うのではなく、自分に「大丈夫」と言ってあげるのです。その人に気に入られるよう演じるのではなく、「ただそこにあって、何か満ちている」と、人は楽になるのです。

人に気を使い、顔色ばかりうかがわないのです。

ストレスのもとは対人関係が多いのです。

「相手からどう思われるか」「リアクションがどうか」と。

その原因は幼少期に、親御さんに気に入られようと、気を使うようになり、また過去生からの気質でもあるかもしれません。

大きくなって、何か強いストレスがかかることを言われてショックを受け、神経が傷つき敏感になっていくこともあります。

性格を変えるために内側を変える方法が、なかなかないのですが、心理学でも盛んに研究され、また神経の薬などの研究もなされているかと思います。

古来ヒマラヤ聖者が真理を悟るために発見した瞑想は、現代社会で使いすぎる心をリラックスさせる効果があり、戦後すぐに自由を求めるヒッピーの人々によって西洋社会にもたらされました。

そして今、神経を使うＩＴの仕事をしている人などに、もてはやされて、さらに世界に広がって久しいです。本来瞑想もヨガも真理を悟っていく実践法です。それが忙しい現代人に、リラックスをもたらすのです。

人は欲望によって多くのものを取り込んだり、創ったり、心身を常に働かせ、寝ていても夢を見ていたり、神経が休まりません。人に良く思われるために演技をしたり、気を使い、媚びたりと自然な感覚が失われています。

不安な心から人に依存し、人を気にしすぎるのです。

寂しい心がサービス精神を旺盛にして、人に嫌われたくない、良く思われたいと、コミュニケーションを大切にする努力をしています。

もっと自分の内側を磨き信じて、力をつけると自信が持てるのではないでしょうか。好きなことをやって、それを極めていくのはどうでしょうか。楽しんでやっていきましょう。集中して、飽きないで。

そのことで心が落ち着いて、次第に自信がつくのではないでしょうか。

今与えられていることに誠実に向かいます。いろいろ考えないで、人のために無欲で行い成果を出していきます。

心配性とか、気にするとか、それは遺伝的な性格も多いようです。

まずは何も気にしないで、今にいて、与えられた仕事を一生懸命やるのです。

やはり正しいことを行い、結果を期待しないで誠実に生きることが大切です。良い行為を行えば、必ず良い結果が生まれます。最初のうちそのようにならないとしたら、積んできたカルマが還ってきているのだと思います。コツコツと、全てに感謝し、人が喜び自分の魂が喜ぶことを続けていくとよいでしょう。見返りを期待しないでです。そうした行為や、良い思いの行為、良い言動、また肯定的な行為でカルマを浄化していきます。

気にする心も変わってくるでしょう。何かを気にしていてその思いと一体になると苦しいと思います。空を見上げましょう。宇宙を感じましょう。

宇宙を作った偉大な存在、その神が見守り、あなたを愛しています。

神を愛します。自分自身を愛します。周りの人の良いところを見て愛します。

愛のところにいて、愛からの判断をするのです。

もともとあなたは、純粋なのです。

しかし、頑張って生きるうちに、鎧をまとうように、いろいろな思いとストレスの残骸を、心身にくっつけてしまいました。そういうものを落とすために無欲で、良い行為をして純粋な自分になっていきましょう。自然に人に親切にします。人に喜んでもらうことをします。

見返りを期待しないで行います。人に媚を売りません。

あるがままの自分でいます。神様にいただいたものに、感謝をします。

感謝していくと、いろいろ変わってきます。

この生き方で自信がついてきます。特別に何かできなくても、他人に勇気を与える存在になっているかもしれません。

そうしてやがて内側が整い、バランスが取れるのです。

ヒマラヤ秘教のシッダー瞑想により、さらに積極的に内側から整い、自信を持って、人に依存しないで、自然体で生きられるようになるでしょう。

周りの人への尊敬を忘れません。

全ての人のおかげで、成長させていただいているのですから。

悟りを求めることは、
いわゆる「心の持ちよう」や
「心理テクニック」と
どう違うのでしょうか。

真の悟りとは真理を実際に体験することです。

ヒマラヤ聖者は、この自分という肉体と心を通して、瞑想をはじめとする苦行を行い、究極のサマディで神と一体となり、真理、本当の自分を悟ったのです。

悟りは単に心の持ちようでは得られないのです。

心理的なテクニックでは、そこに到達できないのです。

輪廻転生で心身に蓄積した過去生からのカルマと、今生のカルマの覆いを浄化して、真理に出会うのです。

よく自己啓発で行われる、アファメーションという思い込みをさせるものではないのです。


心身の浄化をしないで、思い込みで痛みをごまかすことではないのです。

私は究極のサマディを成就し、ヒマラヤ聖者となり、人々を悟りへとガイドしています。

神との橋となって祝福を与えます。

それを受けた人は奇跡が起き、最速で変容して救われています。

ヒマラヤシッダー瞑想を伝授し、実践していただき、才能を目覚めさせ、不動の人に生まれ変わることを助けています。

ですから知識を得る悟りではありません。

表面的な「心」を誰かの考えに染める、心理テクニックではないのです。


「心の持ち方」とは、何か否定的なことを肯定的なメッセージで楽にするような技法です。心をポジティブにしても一時的なことで、またネガティブになり落ち込むのです。ヒマラヤ秘教は不動の人になります。

それをガイドできる人が、今の世の中にいないのです。

ヒマラヤ秘教は、人間の心の内側に思考があり、感情、記憶、さらに仏性があると知り、段階を追って気づき、浄化して手放し、究極の真理を悟っていきます。

体は土、水、火、風、空の物質の要素でできていて、
さらに、音と光でできています。
この体には長年のカルマが積まれ、曇っています。
祝福と秘法で体の各要素を浄めて、創造の源に達していくのです。
純粋になって、全てが明らかになり楽になるのです。
依存しているものに気づいて手放していき、
その奥にある真理を悟るのです。

人は本質を覆うカルマによって、生命エネルギーを消耗しています。
ですからエネルギーを蓄えるにはカルマを積まない、
正しい道を進むことと、それを浄化していくことが必須です。

人は心が自分と思い、心にコントロールされて行動し、

常にカルマを積んで、またエゴで、エネルギーを消耗しているのです。
ですから成功するための行為のあり方としては、
エゴをなくしてサレンダーし、行為を捧げることです。
カルマを浄めながらの生き方が必要です。

サレンダーするというのは、心であるエゴを排除すること、
素直になることです。
仕事に成功することで得る利益を利己的に抱え込むのではなく、
捧げていくのです。
労力も利益も捧げていくことで、執着が取れてさらに
パワーがいただけるのです。
サレンダーすることで、全てが引き出され、最速で成功を得ていきます。
またその成功を神に捧げ、人々が喜び応援し、
その力で成功するという循環が起きます。

全ての心身の行為が源の力で行われているからです。


捧げる生き方はエゴとカルマを積まず、カルマを浄め、捧げて願いを叶えて成功して、さらに祝福で悟りへの道が容易になります。

運命が浄まります。生きること、働くこと、その行為でカルマを浄め、それを捧げる行為にすることでカルマを積まない行を、カルマヨガといいます。


無心で、無欲で神に捧げて、祝福を得て、成功しさらには悟っていくのです。

源に信仰でつながって行為を捧げ、エゴを落とし、力を得て、成功や悟りを得ていくのです。悟りを得るとパワフルになり、何でもできる人になります。悟りに向かうということは、心身魂全てにわたって知っていき、最高の人間になるということです。

愛や生命力、平和のエネルギーを使いながら、悟りを目指し、また、この現実の世界にも貢献していくことが最高の生き方です。

正しい道を歩む人は
仕事上の成功や
経済的な豊かさを求めては
いけないのでしょうか。

経済的な豊かさや、仕事の成功を目指す生き方は、頑張ってそれを手に入れてもかなりのストレスを背負い、常に先が不安であり、戦いの連続です。

多くの人が、人生で豊かさや、仕事の成功を願っています。

運良く成功を収めたり、経済的豊かさを手に入れる人がいます。

心と体で頑張って、葛藤があって勝ち得たものです。

それで戦いが終わったかというと、心の内側は満ちてはいないのです。


悟りで得た叡智は、神からの叡智です。ヒマラヤ聖者は、心と体とエネルギーの性質を熟知しています。私が伝える悟りへの道は本質に向かい、また本質のパワーを最初から引き出してその恵みのもとに進みます。その人が生きるプロセスで悪い癖がつかないように、正しい道を勧めます。心身を正しく使うと効率が良いのです。

成功したり、人生を豊かにする人は、そういう資質があるかもしれません。

でも人間は同じ素材でできているので、内側の神秘の力を目覚めさせて、悟るために使われるエネルギーをその途上、成功のためにも使うことができるのです。一般に人は、生きることで無駄にエネルギーを使って消耗しています。カルマの執着や癖が潜在意識にあり、その設計図によってエネルギーが無駄に使われ、それに翻弄され疲れるのです。


ヒマラヤ秘教は悟りを得ていく教えです。

カルマを浄化して、クオリティを良くしながら潜在能力を開発していきます。創造の源には無限のパワーと叡智があります。悟りへの道を進むのに、信頼と愛で正しく心身を使って、源のエネルギーを引き出します。瞑想を行って内側にあるカルマを浄化すると源の力が満ちて充電できます。普通に生きることでは逃れられない生老病死や、さらに心の性質の怒りと欲望と無知によって、苦しみが常につきまとうのです。

悟りへの道を正しく歩むと何が起きているかに気づき、カルマを浄化して、癒やしながら力を得て目的に向かうことができるのです。

この悟りに向かうエネルギーをいただきながら行う仕事は、スムーズに成功へと導かれます。成功には、精神統一力、信じる力、直観力、理解力、肯定的思考、慈愛の力、許す力、転換力など、さまざまな力が必要です。

心身を正しく使うことで、ロスがなく効率良く、何の迷いもなく、意志の力を強め、成功に向かって内側の神秘の力を使うことができるのです。源の存在に無限に備わっている力が引き出されます。

ヒマラヤシッダー瞑想の伝授を受けて、潜在意識にある悟りに向かう神秘の力を得て、それを成功のために活用していくことができます。

今までのただ頑張り、時間をかけて情報を得て、心を使って成功するやり方ではなく、ストレスを発生させないで、悟りに向かう力で、自然に実力をつけていくことができます。

成功のために正しい道を歩み、心身の機能が浄化され整います。

エネルギーが無駄がなく使われ、成功に導かれ、さらに悟りに向かうのです。

成功するためには人格の良さが必要ですが、それも自然に慈愛が湧いて、人を引き付けるリーダーシップが得られます。

セルフィッシュな成功を目的にするのではなく、みんなが生かされ、幸せになるための捧げる成功です。成功に向かいながら、また成功を得ても常に、捧げていく生き方をします。得たパワーは神のものであり、この体も心も神のものであり、それを捧げながら潤っていき、それをまた感謝とともに捧げ、さらに成功を得ていくのです。人々の幸せのために捧げ、神様にお返しをするのです。


悟りを得ようと進む道と、成功への道は相反するものではありません。悟るためには創造の源の力が必要です。そして、それを求める途上で、成功のために源の力を活用させていただくのです。悟りはさらに源に向かい、それがなんであるかを悟っていくのです。

悟りを目指す人にとって、正しい生き方であるのはもちろんのこと、全ての人に必要な正しい生き方です。体と心に感謝して愛する生き方です。周りの人の人権を尊ぶ生き方です。

しかし今、人は本当の生き方を知らないのです。心の欲望のままに生きています。それが正しいと思っています。そうではないのです。一般には心のみで頑張って生きています。そこには執着やストレス、競争があり、自分の価値観の思いに翻弄されています。比較したり恐れたり、急いだり、心配しながらやったり、見返りを期待して行い、エネルギーを消耗させ、ストレスを作りながら、成功への道と経済的に豊かになる道を歩んでいます。自己防衛をして、利己的に生きています。

欲望のまま、感覚と心を使い、それで何かを得たとしてもまたさらなる、大きな執着を作ります。カルマを積む生き方です。それが普通の生き方です。

それが続き、やがてダメージを受けて不健康になったり、敏感になったり、調子が狂い病気になります。ここから脱出するために正しい生き方をすると聞くと、窮屈さを感じたりするかもしれません。

たとえばタバコを吸いすぎる欲望があり、その癖のほうに行かないように正しい生き方にすると、欲望が我慢できず苦しいのかもしれません。正しくあるために我慢するから、苦しいのです。

そうではなく信仰や気づきをもって、自分の体と心に感謝することで、正しい生き方を選択するほうがやがて楽になるでしょう。

ヒマラヤ秘教の祝福をいただいて悟りに向かいながら、根源からのパワーと宇宙的愛と叡智を得て、それを使って成功を得るという新しい生き方も実践できるのです。

源からの神聖な愛を感じ、自分を信じ、周りを慈愛で潤して、根源的な幹の部分を太くし、枝は自然にバランス良く成長していくのです。

おわりに

私は子供のころから探求心が強く、20代からずっと本場インドの中を縦横無尽に訪れ、ヨガの探究をしました。さらに人を真の幸せにするために、古今東西のヒーリングやアメリカの最新の心理療法などを学んでいきました。

そして、人を救うためには自分が悟りを得ることが一番であると、最高の人間にならなければ解決しないと気づきました。希有な縁でヒマラヤ聖者パイロットババジにヒマラヤ秘境に招待され、さらに私のグルとなるハリババジに邂逅して、苦行を重ね、究極のサマディを成就したのです。

その成就には7年の年月がかかり、その後さらに真理を深めるためにインド中で15年間にわたり、公開アンダーグラウンドサマディという苦行を成したのです。それは実際に神と一体になる、涅槃に没入して4日後によみがえるという苦行です。

そして、人々にサマディからの愛と平和と真理の祝福を与えてきました。後に、多くの人を真理に導く指導を通して、さらに学ぶことができました。祝福を与えることで皆さんのストレスを浄め、意識の進化を進めていったのです。信頼でサマディからの愛と、叡智と、パワーを受け取り、心身の正しい使い方をすることで、さらに内側が自然に楽に変容して、苦しみが解けるのです。

私のところでは最高の瞑想秘法とシャクティパットを伝授してさしあげています。そして安全に守られながら、瞑想とその他の修行を進めていきます。瞑想はただ知識を学ぶのではなく、潜在意識の領域を浄める作業であり、そこは悪いエネルギーや思いが入ったり、活性化させると不安定になり危険であるので、それをよく知る真のマスターのガイドが必須であるからです。

そして究極のサマディからの祝福は何十年分もの効果となって、深いところから整えてしまいます。その人の置かれた状況は変わっていないのに、内側が変容して神聖な存在につながり心が静寂になり、捉え方が変わるのです。

それで「今まで何を悩んでいたんだろう」という感じになるのです。ディクシャという悟りのエネルギー伝授で解放され、さらに丁寧に高次元の存在を信じて瞑想を深め、また気づき、深い瞑想で源に何があるのかを悟っていきます。

今、皆さんを救うための活動をしています。社会の中で悟りの聖者からのパワーと叡智をシェアしています。皆様が楽に生きて、さらに最高の人間になるために、各種ヒマラヤシッダー瞑想の実践できる環境を提供しています。悟りを目指すとともに、社会の中での成功も手にできる素晴らしい、パワフルな実践です。内側から愛とパワーと叡智がみなぎり、最高のリーダーになれるのです。単なるセルフィッシュでパワフルな人ではなく、比類ない精神性も兼ね備えた新しいリーダー像です。人間の些末な悩みも気づきを持って対応できる人になれるのです。

良いカルマを積み、それを超える生き方を指導しています。この教えは祝福をいただき実践も行うのです。陸で水泳を習うことができないように、あなたのインナーな変容はそこにジャンプして飛び込まないとできないのです。

今回の本は、いろいろな悩みを抱えて生きている人に答え、さらに本当に救われるため、悟りに向かっていただくことを願って書きました。ヒマラヤ聖者のメッセージが、皆さんに寄り添ったものになれば幸いです。

２０２３年11月　ヨグマタ相川圭子

[著者紹介]

相川圭子（あいかわ・けいこ）

女性で史上はじめて「究極のサマディ（悟り）」に達した、現在世界で会えるたった2人のヒマラヤ大聖者のひとり。仏教やキリスト教の源流である5000年の伝統をもつヒマラヤ秘教の正統な継承者。1986年、伝説の大聖者ハリババジに邂逅。標高5000メートルを超えるヒマラヤの秘境で、死を超える究極のサマディ修行を行い成就。神我一如に何日もとどまる最終段階のサマディに到達、究極の真理を悟る。1991年から2007年にかけて計18回インド各地で世界平和と真理の証明のため公開サマディを行い、その偉業はインド中の尊敬を集める。2007年、インド最大の霊性修行の協会「ジュナ・アカラ」より、最高指導者の称号「マハ・マンダレシュワル（大僧正）」を授かる。日本をはじめ欧米などで法話と祝福を与え、宇宙的愛と叡智をシェア。サマディからの高次元のエネルギーと瞑想秘法を伝授、指導。真の幸せと悟りのための各種研修と瞑想合宿を開催し、人々の意識の進化と能力開発をガイドする。2016年6月と10月、2017年5月には、国連の各種平和のイベントで主賓としてスピーチを行う。2019年8月にはヨグマタ財団（インド）がインド政府の全面的な協力のもと、ワールドピース・キャンペーン・アワード（世界平和賞）を開催。
著書は『100年人生を好転させる　ヒマラヤ大聖者が導く年齢にとらわれない生き方』（中央公論新社）、『自由への扉』（光文社）、『ヒマラヤ大聖者の手放す言葉』（幻冬舎）、『The Road to Enlightenment: Finding The Way Through Yoga Teachings and Meditation』（Kodansha USA）など多数。さらにテレビ・ラジオでも、人生が豊かで幸せになる新しい生き方を伝えている。TBSラジオ「相川圭子幸せへのメッセージ」にレギュラー出演中。

[ヨグマタ相川圭子公式サイト]　https://www.science.ne.jp/

[ヨグマタ相川圭子公式ブログ]　https://ameblo.jp/yogmata-official/

＊本書は書き下ろしです。

ヒマラヤ大聖者《だいせいじゃ》が伝《つた》える
心《こころ》と心《こころ》をつなぐ言葉《ことば》

印　刷　2023年11月15日
発　行　2023年11月30日

著　者　相川圭子《あいかわけいこ》

発行人　小島明日奈
発行所　毎日新聞出版
〒102-0074
東京都千代田区九段南1-6-17 千代田会館5F
営業本部　☎03-6265-6941
図書編集部　☎03-6265-6745

印刷・製本　中央精版印刷

ISBN978-4-620-32795-2